疫情防控法律知识
简明问答

《疫情防控法律知识简明问答》编写组　编

中国民主法制出版社

图书在版编目（CIP）数据

疫情防控法律知识简明问答/《疫情防控法律知识简明问答》编写组编．--北京：中国民主法制出版社，2020.2

ISBN 978-7-5162-1764-1

Ⅰ.①疫…　Ⅱ.①疫…　Ⅲ.①疫情管理—法律—中国—问题解答　Ⅳ.①D922.165

中国版本图书馆 CIP 数据核字（2020）第 036462 号

图书出品人：刘海涛
出 版 统 筹：乔先彪
责 任 编 辑：陈　曦　逯卫光　庞贺鑫　贾萌萌

书名/疫情防控法律知识简明问答
YIQINGFANGKONGFALÜZHISHIJIANMINGWENDA
作者/《疫情防控法律知识简明问答》编写组　编

出版·发行/中国民主法制出版社
地址/北京市丰台区右安门外玉林里 7 号（100069）
电话/（010）63055259（总编室）　（010）63057714（发行部）
传真/（010）63056975　（010）63056983
http：// www. npcpub. com
E-mail：mzfz@ npcpub. com
经销/新华书店
开本/32 开　880 毫米×1230 毫米
印张/5. 875　**字数**/136 千字
版本/2020 年 3 月第 1 版　2020 年 3 月第 1 次印刷
印刷/北京世汉凌云印刷有限公司

书号/ISBN 978-7-5162-1764 -1
定价/32. 00 元

编写说明

当前，打赢新型冠状病毒肺炎疫情防控阻击战是全党全国人民最紧迫最重要的任务。习近平总书记在中央全面依法治国委员会第三次会议上强调，疫情防控越是到最吃劲的时候，越要坚持依法防控，在法治轨道上统筹推进各项防控工作，保障疫情防控工作顺利开展。当前，各有关方面正从立法、执法、司法、守法各环节全面发力，坚持运用法治思维和法治方式开展疫情防控，全面提高依法防控战斗力，为打赢疫情防控阻击战筑牢坚实的法治保障。

法治是治国理政的基本方式，也是应对重大公共卫生突发事件的重要手段。为了依法做好疫情防控，本书针对疫情防控中常见的现实问题，结合疫情防控中遇到的热点难点以及最新出台的政策规定，作了简明适用的答疑解惑，要点明确，便于操作。主要包括疫情的概念、报告、通报和公布，疫情防治与依法控制，社会治安治理与应急管理，市场监督管理，劳动用工和劳动关系，合同履行与纠纷解决，相关疫情防护小知识等内容。

本书的出版旨在宣传普及传染病防控知识，提高人民群众的自我防护能力；有助于增强全民法治观念，实现疫情防控的法治化、常态化管理；有利于进一步增强我国国家治理体系和治理能力现代化建设，是依法防控疫情、保障合法权益的法律服务好帮手。

本书由中国民主法制出版社有限公司执行董事、党委书记、总编辑刘海涛、副总经理乔先彪策划、统筹，陈曦、逯卫光、庞贺鑫、贾萌萌参与编写。由于时间仓促，编写水平有限，不足之处敬请各位读者朋友指正。

本书编写组

2020 年 2 月

目　录

第一章　疫情的概念、报告、通报和公布

第二章 疫情防治与依法控制

第五章　劳动用工和劳动关系

第六章　合同履行与纠纷解决

附录　疫情防护小知识

/第一章/

疫情的概念、报告、通报和公布

1. 新型冠状病毒肺炎是什么?

新型冠状病毒肺炎（简称新冠肺炎，英文名为 Corona Virus Disease 2019，COVID-19），是指 2019 新型冠状病毒感染导致的肺炎。患者主要临床表现为发热、乏力，呼吸道症状以干咳为主，并逐渐出现呼吸困难，严重者表现为急性呼吸窘迫综合征、脓毒症休克、难以纠正的代谢性酸中毒和出凝血功能障碍。2020 年 1 月 20 日，经国务院批准同意，国家卫健委决定将新型冠状病毒感染的肺炎纳入传染病防治法规定的乙类传染病，但采取甲类传染病的预防、控制措施。

2. 什么是“乙类”传染病?

传染病防治法第 3 条规定：“本法规定的传染病分为甲类、乙类和丙类。甲类传染病是指：鼠疫、霍乱。乙类传染病是指：新型冠状病毒感染的肺炎、传染性非典型肺炎、艾滋病、病毒性肝炎、脊髓灰质炎、人感染高致病性禽流感、麻疹、流行性出血热、狂犬病、流行性乙型脑炎、登革热、炭疽、细菌性和阿米巴性痢疾、肺结核、伤寒和副伤寒、流行性脑脊髓膜炎、百日咳、白喉、新生儿破伤风、猩红热、布鲁氏菌病、淋病、梅毒、钩端螺旋体病、血吸虫病、疟疾。丙类传染病是指：流行性感冒、流行性腮腺炎、风疹、急性出血性结膜炎、麻风病、流行性和地方性斑疹伤寒、黑热病、包虫病、丝虫病，除霍乱、细菌性和阿米巴性痢疾、伤寒和副伤寒以外的感染性腹泻病。国务院卫生行政部门根据传染病暴发、流行情况和危害程度，可以决定增加、减少或者调整乙类、丙类传染病病种并予以公布。”

其中，乙类传染病是指：（1）发病率较高，引起高病死率，但传播能力有限，对社会造成一定危害，需要采取计划性疫苗接种，进行义务性、公众性检查与治疗，对传染源或者对传播环节进行系统控制等社会性控制工程的传染病。（2）发病率较高，引起高病死率，能在人间传播但没有高致残率或者没有高致畸能力，对社会造成一定危害，需要采取计划性疫苗接种，进行义务性、公众性检查与治疗，对传染源或者对传播环节进行系统控制等社会性控制工程的传染病。

3. 如何理解“传染病乙类管理，但采取甲类传染病的预防、控制措施”？

传染病防治法第 4 条第 1 款规定：“对乙类传染病中传染性非典型肺炎、炭疽中的肺炭疽和人感染高致病性禽流感，采取本法所称甲类传染病的预防、控制措施。其他乙类传染病和突发原因不明的传染病需要采取本法所称甲类传染病的预防、控制措施的，由国务院卫生行政部门及时报经国务院批准后予以公布、实施。”

实际生活中，乙类传染病中有一些病种传染性强，对人群危害性极高，所以必须采取严格、有效的措施来控制，迅速控制住疫情。2003 年暴发的传染性非典型肺炎就是一个典型的事件，而后原卫生部将传染性非典型肺炎列入法定传染病进行管理，并要求按照甲类传染病的防治措施进行防控。这是考虑到传染性非典型肺炎的特征，对社会、对人群的危害程度较大，所以，将其按照甲类传染病采取预防、控制措施。

4. 新型冠状病毒肺炎疫情发生后，谁负有防治工作的职责？各自职责包括哪些？

新冠肺炎疫情发生后，习近平总书记作出“把人民群众生命安全和身体健康放在第一位”的重要指示，党中央第一时间成立应对疫情工作领导小组，在中央政治局常务委员会领导下开展工作。党中央向湖北等疫情严重地区派出指导组，推动有关地方全面加强防控一线工作。

传染病防治法第 5 条规定：“各级人民政府领导传染病防治工作。县级以上人民政府制定传染病防治规划并组织实施，建立健全传染病防治的疾病预防控制、医疗救治和监督管理体系。”第 6 条规定：“国务院卫生行政部门主管全国传染病防治及其监督管理工作。县级以上地方人民政府卫生行政部门负责本行政区域内的传染病防治及其监督管理工作。县级以上人民政府其他部门在各自的职责范围内负责传染病防治工作。军队的传染病防治工作，依照本法和国家有关规定办理，由中国人民解放军卫生主管部门实施监督管理。”第 7 条规定：“各级疾病预防控制机构承担传染病监测、预测、流行病学调查、疫情报告以及其他预防、控制工作。医疗机构承担与医疗救治有关的传染病防治工作和责任区域内的传染病预防工作。城市社区和农村基层医疗机构在疾病预防控制机构的指导下，承担城市社区、农村基层相应的传染病防治工作。”根据法律规定，新冠肺炎疫情发生后，负有防治工作职责的主体包括：

第一，各级人民政府。各级人民政府领导疫情防控工作；县级以上人民政府制定疫情防治规划并组织实施，建立健全传染病防治的疾病预防控制、医疗救治和监督管理体系。

第二，国务院卫生行政部门、县级以上人民政府其他部门、中国人民解放军卫生主管部门。（1）国务院卫生行政部门，即国家卫生健康委员会。主要职责包括：组织拟订国民健康政策，拟订卫生健康事业发展法律法规草案、政策、规划，制定部门规章和标准并组织实施。协调推进深化医药卫生体制改革，研究提出深化医药卫生体制改革重大方针、政策、措施的建议。制定并组织落实疾病预防控制规划、国家免疫规划以及严重危害人民健康公共卫生问题的干预措施，制定检疫传染病和监测传染病目录。组织拟订并协调落实应对人口老龄化政策措施，负责推进老年健康服务体系建设和医养结合工作等。（2）县级以上地方人民政府卫生行政部门，主要职责包括：科技部门，支持和鼓励传染病防治的科学研究；教育部门，对学生进行健康知识和传染病预防知识的教育，预防医学教育和科学研究；新闻出版部门，开展传染病防治和公共卫生教育的公益宣传；民政部门，对因参与传染病防治工作致病、致残、死亡的人员给予抚恤，传染病死亡者的尸体处理，患有特定传染病的困难人群的医疗救助等；农业、林业部门，负责与人畜共患传染病有关的动物传染病的防治管理工作，指导和组织消除农田、牧场、林区的鼠害与血吸虫危害，以及其他传播传染病的动物和病媒生物的危害；水利部门，湖区、河流的鼠害与血吸虫危害，以及其他传播传染病的动物和病媒生物的危害；铁路、交通、民用航空部门，组织消除交通工具以及相关场所的鼠害和蚊、蝇等病媒生物的危害，优先运送处理传染病疫情的人员以及防治传染病的药品和医疗器械；建设部门，负责大型建设项目相关的传染病预防控制；国境卫生检疫机关，负责检疫传染病的报告和通报；公安机关，协助医疗机构采取强制隔离治疗措施；财政部门，对传染病预防、控制、救治、监测、预测、预警、监督检查等提供经费保障。（3）中国人民解放军卫生主管部门负责对军队的传染病防治工作依法实施监督管理。但中国人民解放军卫生主管部门发现传染病疫情时，应当及时向国家卫生健康委员会通报。军队的医疗机构向社会公众提供医疗服务的，应当按照国家卫生健康委员会的规定报告疫情。

第三，各级疾病预防控制机构、医疗机构。（1）国家级和省级疾病预防控制机构以宏观管理、业务指导、科研培训和质量控制为主；县级疾病预防控制机构在上级疾病预防控制机构的指导下，负责辖区疾病预防控制具体工作的管理与组织落实。（2）医疗机构是指按照《医疗机构管理条例》取得医疗机构执业许可证，从事疾病诊断、治疗活动的机构，包括医院、卫生院、疗养院、门诊部、诊所、卫生所（室）以及急救站等。医疗机构的预防保健科应当按照规定做好责任地段内的医疗预防工作，包括疫情报告、传染病的消毒隔离、计划免疫接种、预防性投药等；积极防治传染病、结核病等常见病、多发病；积极开展、检查、指导本院和责任地段内的爱国卫生运动，经常宣传卫生知识，做好除害灭病工作。社区医疗机构执行法定传染病登记报告制度，协助开展漏报调查；配合有关部门对传染源予以隔离，对疫源地进行消毒；指导恢复期病人定期复查并随访；开展计划免疫等免疫接种。农村基层医疗机构指的是乡、村两级医疗机构，乡镇卫生院以公共卫生服务为主，综合提供预防、保健和基本医疗等服务。村卫生室提供常见伤、病的初级诊治。其在传染病防治中的主要任务是落实传染病、地方病、寄生虫病等疾病的预防控制措施；按照规定报告疫情；开展计划免疫等预防接种；常见病、多发病的一般诊治和转诊服务；提高现代结核病控制策略的人口覆盖率，为艾滋病等传染病患者提供咨询等。

5. 什么是突发公共卫生事件？什么是重大突发公共卫生事件一级响应机制？

根据《突发公共卫生事件应急条例》第 2 条的规定，突发公共卫生事件，是指突然发生，造成或者可能造成社会公众健康严重损害的重大传染病疫情、群体性不明原因疾病、重大食物和职业中毒以及其他严重影响公众健康的事件。

传染病防治法第 19 条规定，国家建立传染病预警制度。国务院卫生行政部门和省、自治区、直辖市人民政府根据传染病发生、流行趋势的预测，及时发出传染病预警，根据情况予以公布。根据《国家突发公共卫生事件应急预案》规定，根据突发公共卫生事件性质、危害程度、涉及范围，突发公共卫生事件划分为特别重大（Ⅰ级)、重大（Ⅱ级)、较大（Ⅲ级）和一般（Ⅳ级）四级，一级响应为最高响应级别。

6. 突发公共卫生事件一级响应的紧急措施有哪些?

一级响应是突发公共卫生事件应急响应的最高级别，所能采取的紧急措施范围最广、力度最大。在一级应急响应状态下，各级人民政府可以采取下列紧急措施:

(1）划定控制区域:甲类、乙类传染病暴发、流行时，县级以上人民政府报经上一级人民政府决定，可以宣布本行政区域内的疫区范围；经省人民政府决定，可以对本行政区域内甲类传染病疫区实施封锁；封锁大、中城市的疫区或者封锁跨省的疫区以及封锁疫区导致中断干线交通的，报请国务院决定。

(2）采取强制措施:限制或者停止集市、集会、影剧院演出以及其他人群聚集活动；停工、停业、停课；封闭或者封存被传染病病原体污染的公共饮用水源、食品以及相关物品；临时征用房屋、交通工具以及相关设施和设备。

(3）管理流动人口:对流动人口采取预防工作，落实控制措施；对传染病病人、疑似病人采取就地隔离、就地观察、就地治疗的措施，对密切接触者根据情况采取集中或者居家医学观察。

(4）实施交通卫生检疫:组织铁路、交通、民航、质检等部门在交通站点和出入境口岸设置临时交通卫生检疫站，对出入境、进出疫区和运行中的交通工具及其乘运人员和物资、宿主动物进行检疫查验，对病人、疑似病人及其密切接触者实施临时隔离、留验和向地方卫生行政部门指定的机构移交。

(5）信息发布:突发公共卫生事件发生后，有关部门要依法依规做好信息发布工作。

（6）开展群防群治：街道、乡（镇）及居委会、村委会协助卫生行政部门和其他部门、医疗机构，做好疫情信息的收集、报告、人员分散隔离及公共卫生措施的实施工作。

（7）维护社会稳定：有关部门应当保障商品供应，平抑物价，防止哄抢；严厉打击造谣传谣、哄抬物价、囤积居奇、制假售假等违法犯罪和扰乱社会治安的行为。

7. 对于突发公共卫生事件，如何进行有效的监测与预警？

对于突发公共卫生事件的监测，首先应当建立全国统一的突发事件信息系统。县级以上地方各级人民政府应当建立或者确定本地区统一的突发事件信息系统，汇集、储存、分析、传输有关突发事件的信息，并实现上下级、跨部门、跨区域的互联互通。地方各级政府应按规定向上级政府报送突发事件信息，做到及时、客观、真实，不得迟报、谎报、瞒报、漏报。

各级政府应当建立健全突发事件监测制度。县级以上人民政府及其有关部门应当根据自然灾害、事故灾难和公共卫生事件的种类和特点，建立健全基础信息数据库，完善监测网络，划分监测区域，确定监测点，明确监测项目，提供必要的设备、设施，配备专职或者兼职人员，对可能发生的突发事件进行监测。

各级政府应当建立健全突发事件预警制度。自然灾害、事故灾难和公共卫生事件的预警级别，按照突发事件发生的紧急程度、发展势态和可能造成的危害程度分为一级、二级、三级和四级，分别用红色、橙色、黄色和蓝色标示，一级为最高级别。

三、四级预警后，县级以上地方政府可以采取以下措施：一是启动应急预案；二是责令有关部门、专业机构、监测网点和负有特定职责的人员及时收集、报告有关信息，向社会公布反映突发事件信息的渠道，加强对突发事件发生、发展情况的监测、预报和预警工作；三是组织有关部门和机构、专业技术人员、有关专家学者，随时对突发事件信息进行分析评估，预测发生突发事件可能性的大小、影响范围和强度以及可能发生的突发事件的级别；四是定时向社会发布与公众有关的突发事件预测信息和分析评估结果，并对相关信息的报道工作进行管理；五是及时按照有关规定向社会发布可能受到突发事件危害的警告，宣传避免、减轻危害的常识，公布咨询电话。

一、二级预警后，县级以上地方政府除上述措施外，还应当采取以下措施：

（1）责令应急救援队伍、负有特定职责的人员进入待命状态，并动员后备人员做好参加应急救援和处置工作的准备，调集应急救援所需物资、设备、工具，准备应急设施和避难场所，并确保其随时可以投入正常使用；

（2）加强对重点单位、重要部位、重要基础设施的安全保卫，维护社会治安秩序；

（3）采取必要措施，确保交通、通信、供水、排水、供电、供气、供热等公共设施的安全和正常运行；

（4）及时向社会发布有关采取特定措施，避免或者减轻危害的建议、劝告；

（5）转移、疏散或者撤离易受突发事件危害的人员，并予以妥善安置，转移重要财产；

（6）关闭或者限制使用易受突发事件危害的场所，控制或者限制容易导致危害扩大的公共场所的活动；

（7）法律、法规、规章规定的其他必要的防范性、保护性措施。

8. 传染病的疫情报告人有哪些？

传染病防治法实施办法第 34 条规定：“执行职务的医疗保健人员、卫生防疫人员为责任疫情报告人。责任疫情报告人应当按照本办法第三十五条规定的时限向卫生行政部门指定的卫生防疫机构报告疫情，并做疫情登记。”

传染病防治法第 30 条规定：“疾病预防控制机构、医疗机构和采供血机构及其执行职务的人员发现本法规定的传染病疫情或者发现其他传染病暴发、流行以及突发原因不明的传染病时，应当遵循疫情报告属地管理原则，按照国务院规定的或者国务院卫生行政部门规定的内容、程序、方式和时限报告。军队医疗机构向社会公众提供医疗服务，发现前款规定的传染病疫情时，应当按照国务院卫生行政部门的规定报告。”第 31 条规定：“任何单位和个人发现传染病病人或者疑似传染病病人时，应当及时向附近的疾病预防控制机构或者医疗机构报告。”第 32 条规定：“港口、机场、铁路疾病预防控制机构以及国境卫生检疫机关发现甲类传染病病人、病原携带者、疑似传染病病人时，应当按照国家有关规定立即向国境口岸所在地的疾病预防控制机构或者所在地县级以上地方人民政府卫生行政部门报告并互相通报。”

综上可知，疫情报告人包括两种：一是责任疫情报告人；二是义务疫情报告人。

9. 责任疫情报告人如何向卫生健康行政部门指定的卫生防疫机构报告疫情？

疫情发生后，责任疫情报告人应该根据以下法律规定，向卫生健康行政部门指定的卫生防疫机构报告疫情。

根据传染病防治法实施办法第 35 条规定，责任疫情报告人发现甲类传染病和乙类传染病中的艾滋病、肺炭疽的病人、病原携带者和疑似传染病病人时，城镇于 6 小时内，农村于 12 小时内，以最快的通讯方式向发病地的卫生防疫机构报告，并同时报出传染病报告卡。责任疫情报告人发现乙类传染病病人、病原携带者和疑似传染病病人时，城镇于 12 小时内，农村于 24 小时内向发病地的卫生防疫机构报出传染病报告卡。责任疫情报告人在丙类传染病监测区内发现丙类传染病病人时，应当在 24 小时内向发病地的卫生防疫机构报出传染病报告卡。第 36 条规定，传染病暴发、流行时，责任疫情报告人应当以最快的通讯方式向当地卫生防疫机构报告疫情。接到疫情报告的卫生防疫机构应当以最快的通讯方式报告上级卫生防疫机构和当地政府卫生行政部门，卫生行政部门接到报告后，应当立即报告当地政府。省级政府卫生行政部门接到发现甲类传染病和发生传染病暴发、流行的报告后，应当于 6 小时内报告国务院卫生行政部门。第 39 条规定，军队的传染病疫情，由中国人民解放军卫生主管部门根据军队有关规定向国务院卫生行政部门报告。军队的医疗保健和卫生防疫机构，发现地方就诊的传染病病人、病原携带者、疑似传染病病人时，应当按照本办法第 35 条的规定报告疫情，并接受当地卫生防疫机构的业务指导。第 41 条规定，各级政府卫生行政部门指定的卫生防疫机构应当对辖区内各类医疗保健机构的疫情登记报告和管理情况定期进行核实、检查、指导。

10. 学校应该如何及时上报疫情?

为了严防传染病疫情在学校内传播流行，学校要依法履行疫情报告职责，一旦发现传染病病人或疑似传染病病人，要按照以下规定及时向发病地疾病预防控制机构或医疗单位报告。

第一，认真贯彻执行传染病防治法的规定，校内发生传染病应及时与辖区内疾病预防控制机构或医疗单位联系，立即采取有效隔离措施，严防传染病出现须发和多发病例。

第二，加强传染病防治意识，对未上课同学要立即与家长联系，询问未上课原因，做好传染病的疫情报告。

第三，学校发现传染病病人或传染病疑似病人时，不得隐瞒、谎报或缓报。如因玩忽职守造成学校内传染病传播流行，将依法追究法律责任。

为了及时有效遏制传染病的发生和蔓延，保障师生的身体健康和生命安全，学校要切实做好传染病的宣传、防治，还要认真执行传染病疫情报告制度，一旦有传染病疫情发生，应主动及时报告。

11. 关于疫情公布法律是如何规定的？

目前，我国建立了传染病疫情信息公布制度，规定定期公布全国传染病疫情信息。关于疫情公布制度，我国传染病防治法具体规定如下。

（1）任何单位和个人发现传染病病人或者疑似传染病病人时，都应当及时向附近的医疗保健机构或者卫生防疫机构报告。

（2）执行职务的医疗保健人员、卫生防疫人员发现传染病病人、病原携带者或者疑似传染病病人，必须按照国务院卫生行政部门规定的时限向当地卫生防疫机构报告疫情。卫生防疫机构发现传染病流行或者接到疫情报告，应当立即报告当地卫生行政部门和当地政府，同时报告上级卫生行政部门和国务院卫生行政部门。

（3）各级政府有关主管人员和从事传染病的医疗保健、卫生防疫、监督管理的人员，不得隐瞒、谎报或者授意他人隐瞒、谎报疫情。

（4）国务院卫生行政部门应当及时地如实通报和公布疫情，并可以授权省、自治区、直辖市政府卫生行政部门及时地如实通报和公布本行政区域的疫情。

（5）按照职责分工，各级政府卫生行政部门指定的卫生防疫机构应当对辖区内各类医疗保健机构的疫情登记报告和管理情况定期进行核实、检查和指导。公布传染病疫情信息应当及时、准确。

12. 在什么情况下可宣布疫区？宣布疫区后可采取什么措施？

甲类传染病是对人们生命健康危害最严重的传染病，在甲类传染病暴发、流行的疫区，根据疫情控制的需要，可以宣布疫区封锁措施。传染病防治法第 43 条规定，甲类、乙类传染病暴发、流行时，县级以上地方人民政府报经上一级人民政府决定，可以宣布本行政区域部分或者全部为疫区；国务院可以决定并宣布跨省、自治区、直辖市的疫区。

宣布疫区不仅涉及疫情控制的工作，而且是一项直接关系人民群众生产和生活的重要行政措施。因此，宣布疫区必须满足以下两个条件：一是在甲、乙类传染病暴发、流行并有发展趋势时；二是必须在疾病预防控制机构对疫区调查的基础上，由县级以上地方人民政府提出，经上一级人民政府决定后，由提出报告的机关宣布执行。由此可知，实行疫区封锁的基本条件必须是在甲类传染病暴发、流行的地区。在宣布权限上，一般疫区的封锁必须经省、自治区、直辖市人民政府决定；特殊疫区的封锁由国务院决定，主要包括：（1）封锁的区域是大、中城市；（2）封锁的疫区跨省、自治区、直辖市；（3）因封锁需要中断干线交通；（4）封锁国境。

宣布疫区之后，县级以上地方人民政府可以在疫区内采取传染病防治法第 42 条规定的紧急措施，并可以对出入疫区的人员、物资和交通工具实施卫生检疫。实行封锁的疫区，可由当地政府组织公安等有关部门，在通往疫区的出入口设立检查点，阻止疫区内外人员和交通的流动，以便切断传染病的传播途径。紧急措施的解除，由原决定机关决定并宣布。

13. 在疫情防控中，政府应公开哪些公众需要了解的信息？

在疫情防控中，信息公开不但可以降低人们的恐惧感，普及知识，而且可以让社会资源的配置更加有序。及时、如实公布疫情是防治传染病的一项积极的措施，这有利于动员社会各部门协同防治传染病，有利于广大人民群众参与传染病防治工作，也有利于国际间的疫情信息交流，防止国际间传染病疫情的蔓延。传染病防治法第 38 条规定了传染病疫情信息公布制度。根据政府信息公开条例第 9 条及第 10 条的规定，只要涉及公民、法人或者其他组织切身利益的，需要社会公众广泛知晓或者参与的政府信息，政府都应当在各自职责范围内确定主动公开。

涉及社会公众需要知晓的信息主要包括突发公共事件的预警方案和预警信息，其主要公开的内容包括如下：

突发公共事件应急预案是地方政府应当主动公开的政府信息，包括应急预案的主要内容及物资储备情况等相关信息。例如，传染病预防控制指挥部的组成和相关部门的职责；传染病的监测、信息收集、分析、报告、通报制度；疾病预防控制机构、医疗机构在发生传染病疫情时的任务与职责；传染病暴发、流行情况的分级以及相应的应急工作方案；传染病预防、疫点疫区现场控制，应急设施、设备、救治药品和医疗器械以及其他物资和技术的储备与调用。

突发公共事件的预警信息也是地方政府应当主动公开的政府信息，包括传染病预警制度、突发事件预防控制体系以及监测与预警工作的具体内容等信息。根据传染病防治法第 19 条规定的传染病预警制度，政府应根据传染病发生、流行趋势的预测，及时发出传染病预警，根据情况予以公布。《突发公共卫生事件应急条例》第 14 条规定了统一的突发事件预防控制体系。为此，政府应当建立和完善突发事件监测与预警系统，并且应当指定机构负责开展突发事件的日常监测，并确保监测与预警系统的正常运行。根据《突发公共卫生事件应急条例》第 15 条，监测与预警的工作内容主要包括：应当根据突发事件的类别，制定监测计划，科学分析、综合评价监测数据。

14. 在疫情防控中，哪些情形下可以披露传染病人、病原携带者、疑似病人以及密切接触者的个人信息？

在疫情防控中，传染病人、病原携带者、疑似病人以及密切接触者的个人信息固然需要法律保护，不能随意对外披露，但在以下两种法定例外情况下可以披露。

其一，本人的同意授权。网络安全法第 41 条规定了“同意授权机制”，即“网络运营者收集、使用个人信息，应当遵循合法、正当、必要的原则，公开收集、使用规则，明示收集、使用信息的目的、方式和范围，并经被收集者同意”。基于此，这同样也适用于传染病人、病原携带者、疑似病人以及密切接触者的个人信息的保护，就是如果披露上述人员的个人信息，必须经过本人的同意授权。

在此，还要明确哪些情况属于未经同意收集使用个人信息，具体而言，“未经同意收集使用个人信息”包括以下行为：（1）征得患者同意前，就开始收集个人信息或打开可收集个人信息的权限；（2）患者明确表示不同意后，仍收集个人信息或打开可收集个人信息的权限，或频繁征求用户同意；（3）实际收集的个人信息或打开的可收集个人信息权限，超出用户授权范围；（4）以欺诈、诱骗等不正当方式，误导患者同意收集个人信息或打开可收集个人信息的权限，如故意欺瞒、掩饰收集使用个人信息的真实目的；（5）未向患者提供撤回同意收集个人信息的途径、方式，等等。

其二，其他情形。政府、医院、科研机构等信息控制者，在没有获得患者的个人授权时，在以下情况可以使用或披露相应个人信息：（1）在治疗、支付、保健护理时，或涉及公共利益、法律法规要求时；（2）用于科学学术研究、公共卫生防控、医疗保健操作的受限制数据集。在上述情况下，信息控制者可依靠法律法规要求、职业道德、专业判断，来确定哪些个人信息允许被使用或披露，但不得披露给无权使用个人信息的其他主体。

15. 在防控疫情工作中，单位和个人有哪些义务？

在防控疫情工作中，根据法律规定，单位和个人需要履行以下法律义务。

传染病防治法第 12 条规定："在中华人民共和国领域内的一切单位和个人，必须接受疾病预防控制机构、医疗机构有关传染病的调查、检验、采集样本、隔离治疗等预防、控制措施，如实提供有关情况。疾病预防控制机构、医疗机构不得泄露涉及个人隐私的有关信息、资料。卫生行政部门以及其他有关部门、疾病预防控制机构和医疗机构因违法实施行政管理或者预防、控制措施，侵犯单位和个人合法权益的，有关单位和个人可以依法申请行政复议或者提起诉讼。"第 31 条规定："任何单位和个人发现传染病病人或者疑似传染病病人时，应当及时向附近的疾病预防控制机构或者医疗机构报告。"

突发事件应对法第 54 条规定："任何单位和个人不得编造、传播有关突发事件事态发展或者应急处置工作的虚假信息。"第 56 条规定："受到自然灾害危害或者发生事故灾难、公共卫生事件的单位，应当立即组织本单位应急救援队伍和工作人员营救受害人员，疏散、撤离、安置受到威胁的人员，控制危险源，标明危险区域，封锁危险场所，并采取其他防止危害扩大的必要措施，同时向所在地县级人民政府报告；……突发事件发生地的其他单位应当服从人民政府发布的决定、命令，配合人民政府采取的应急处置措施，做好本单位的应急救援工作，并积极组织人员参加所在地的应急救援和处置工作。"第 57 条规定："突发事件发生地的公民应当服从人民政府、居民委员会、村民委员会或者所属单位的指挥和安排，配合人民政府采取的应急处置措施，积极参加应急救援工作，协助维护社会秩序。"

16. 对传染病的暴发、流行，法律规定可以采取哪些控制、隔离措施？

在传染病暴发、流行时，根据法律规定可以采取以下控制、隔离措施。

根据传染病防治法的规定，对法定传染病病人和病原携带者，予以隔离治疗；对疑似传染病病人，在明确诊断前，在指定场所进行医学观察。对传染病病人、病原携带者、疑似传染病病人污染的场所、物品和密切接触的人员，实施必要的卫生处理和预防措施。传染病病人及其亲属和有关单位以及居民或者村民组织，应当对实施有关措施予以配合。对法定传染病中严重的传染病，传染病病人和病原体携带者，拒绝隔离治疗或者擅自脱离隔离治疗的，可以由公安机关协助治疗单位采取强制隔离治疗措施。

传染病防治法还规定，在传染病暴发、流行时，当地政府应当立即组织力量进行防治，切断传染病的传播途径；必要时，报经上一级地方政府决定，可以采取下列紧急措施：（1）限制或者停止集市、集会、影剧院演出或者其他人群聚集的活动；（2）停工、停业、停课；（3）临时征用房屋、交通工具；（4）封闭或者封存被传染病病原体污染的公共饮用水源。县级以上地方政府接到下一级政府关于采取以上紧急措施的报告时，应当在规定的时限内作出决定。紧急措施的解除，由原决定机关宣布。

17. 未依法履行报告职责，或者隐瞒、谎报、缓报传染病疫情，或者隐瞒、谎报、缓报传染病疫情的，应当承担什么法律责任？

根据传染病防治法第 65 条的规定，地方各级人民政府未依照本法的规定履行报告职责，或者隐瞒、谎报、缓报传染病疫情，或者在传染病暴发、流行时，未及时组织救治、采取控制措施的，由上级人民政府责令改正，通报批评；造成传染病传播、流行或者其他严重后果的，对负有责任的主管人员，依法给予行政处分；构成犯罪的，依法追究刑事责任。

《最高人民法院、最高人民检察院关于办理妨害预防、控制突发传染病疫情等灾害的刑事案件具体应用法律若干问题的解释》第 16 条规定：“在预防、控制突发传染病疫情等灾害期间，从事传染病防治的政府卫生行政部门的工作人员，或者在受政府卫生行政部门委托代表政府卫生行政部门行使职权的组织中从事公务的人员，或者虽未列入政府卫生行政部门人员编制但在政府卫生行政部门从事公务的人员，在代表政府卫生行政部门行使职权时，严重不负责任，导致传染病传播或者流行，情节严重的，依照刑法第四百零九条的规定，以传染病防治失职罪定罪处罚。在国家对突发传染病疫情等灾害采取预防、控制措施后，具有下列情形之一的，属于刑法第四百零九条规定的‘情节严重’：（一）对发生突发传染病疫情等灾害的地区或者突发传染病病人、病原携带者、疑似突发传染病病人，未按照预防、控制突发传染病疫情等灾害工作规范的要求做好防疫、检疫、隔离、防护、救治等工作，或者采取的预防、控制措施不当，造成传染范围扩大或者疫情、灾情加重的；（二）隐瞒、缓报、谎报或者授意、指使、强令他人隐瞒、缓报、谎报疫情、灾情，造成传染范围扩大或者疫情、灾情加重的；……”

18. 疫情期间，如何动员社会各界共同参与疫情防控阻击战？如何充分发挥基层群众性自治组织在疫情防控中的作用？

传染病防治工作是一项十分广泛的社会工作，需要动员全社会的力量共同防治。群防群治是我国传染病防治的一条基本经验。传染病防治法第 9 条规定：“国家支持和鼓励单位和个人参与传染病防治工作。各级人民政府应当完善有关制度，方便单位和个人参与防治传染病的宣传教育、疫情报告、志愿服务和捐赠活动。居民委员会、村民委员会应当组织居民、村民参与社区、农村的传染病预防与控制活动。”

疫情期间，全社会可以从以下几个方面共同参与疫情防控阻击战：

（1）为了使社会各界参与传染病防治的宣传教育，政府应当向群众普及传染病防治的基本知识。

（2）建立疫情报告制度，公布统一的传染病疫情等突发事件报告、举报电话。任何单位和个人在发现传染病疫情等突发事件的隐患时，都可以拨打电话向有关部门报告，使政府及其有关部门迅速采取应对措施，将损害控制在最小范围内。政府及其有关部门应当制定对报告的调查核实制度，及时对举报和报告作出处理和反应。对传染病疫情的举报和报告是任何单位和个人的权利。

（3）对举报有功的单位和个人，给予奖励。

（4）为了鼓励单位和个人参与防治传染病的志愿服务，有关部门应当开展传染病预防、流行病学调查、医疗救治的基本知识培训，提供必要的卫生防护措施，防止交叉感染，保护志愿者的身体健康。

（5）对社会捐赠严格工作程序，做到手续完备、专账管理、专人负责、账款相符，账目清楚，切实加强对社会捐赠款物管理情况的监督检查，督促接受捐赠的部门和社会组织自觉接受社会监督，定期将捐赠款物的接收、分配和使用情况通过新闻媒体等多种形式向社会公布，确保捐赠款物全部用于传染病的防治和救助。

鉴于传染病传播的特点，在疫情的始发阶段能否把疫情控制在最小的范围，城市社区和农村等基层单位的防治工作十分重要。城市社区人口密度大，农村防治条件相对薄弱，这些是传染病防治工作的难点。因此，要注重发挥居民委员会和村民委员会的作用，广泛发动群众，有效组织群众，努力在城市社区和农村基层构建起一道抵御疫情、抗击传染病的严密防线。根据《中华人民共和国宪法》《中华人民共和国居民委员会组织法》《中华人民共和国村民委员会组织法》的规定，居民委员会、村民委员会是城市和农村的基层群众性自治组织，设人民调解、治安保卫、公共卫生等委员会，办理本居住地区的公共事务和公益事业，调解民间纠纷，协助维护社会治安，协助人民政府或者其派出机关做好与居民利益有关的公共卫生、计划生育、优抚救济、青少年教育，并且向人民政府反映群众的意见、要求和提出的建议，使群众依法办理自己事情做到自我管理、自我教育、自我服务，在促进社会主义民主和社会主义物质文明、精神文明建设中发挥重要作用。据此，居民委员会、村民委员会应当在职责范围内利用各种形式向居（村）民宣传防病知识，采取多种方式了解居（村）民的有关情况，力争做到对疫情的早发现、早报告。发动居（村）民开展爱国卫生运动，改善生活环境，提高防治疾病的能力。

/第二章/

疫情防治与依法控制

1. 在疫情暴发、流行地区，县级以上地方政府可以采取哪些紧急措施?

根据我国传染病防治法的规定，在疫情暴发、流行时，县级以上地方人民政府应当立即组织力量，按照预防、控制预案进行防治，切断传染病的传播途径，必要时，报经上一级人民政府决定，可以采取下列紧急措施并予以公告。

一是限制或者停止集市、影剧院演出或者其他人群聚集的活动；二是停工、停业、停课；三是封闭或者封存被传染病病原体污染的公共饮用水源、食品以及相关物品；四是控制或者捕杀染疫野生动物、家畜家禽；五是封闭可能造成传染病扩散的场所。

上级人民政府接到下级人民政府关于采取如上所列紧急措施的报告时，应当即时作出决定。紧急措施的解除，由原决定机关决定并宣布。

根据突发事件应对法第 49 条的规定，自然灾害、事故灾难或者公共卫生事件发生后，履行统一领导职责的人民政府可以采取下列一项或者多项应急处置措施：

（1）组织营救和救治受害人员，疏散、撤离并妥善安置受到威胁的人员以及采取其他救助措施；

（2）迅速控制危险源，标明危险区域，封锁危险场所，划定警戒区，实行交通管制以及其他控制措施；

（3）立即抢修被损坏的交通、通信、供水、排水、供电、供气、供热等公共设施，向受到危害的人员提供避难场所和生活必需品，实施医疗救护和卫生防疫以及其他保障措施；

（4）禁止或者限制使用有关设备、设施，关闭或者限制使用有关场所，中止人员密集的活动或者可能导致危害扩大的生产经营活动以及采取其他保障措施；

（5）启用本级人民政府设置的财政预备费和储备的应急救援物资，必要时调用其他急需物资、设备、设施、工具；

（6）组织公民参加应急救援和处置工作，要求具有特定专长的人员提供服务；

（7）保障食品、饮用水、燃料等基本生活必需品的供应；

（8）依法从严惩处囤积居奇、哄抬物价、制假售假等扰乱市场秩序的行为，稳定市场价格，维护市场秩序；

（9）依法从严惩处哄抢财物、干扰破坏应急处置工作等扰乱社会秩序的行为，维护社会治安；

（10）采取防止发生次生、衍生事件的必要措施。

2. 卫生健康行政部门对新型冠状病毒感染的肺炎防控工作，具有哪些监督管理职责？对哪些对象和行为予以监督？

传染病的防治工作关系到人民群众的生命健康，涉及方方面面，是一项由不同的组织和社会群体共同参与的工作。要做好这项工作，需要各级政府、卫生健康行政部门和政府其他有关部门以及社会各方面的共同努力。其中，各级人民政府卫生行政部门是传染病防治工作的主管部门，负有重要的职责。传染病防治法规定，县级以上人民政府卫生行政部门对传染病防治工作履行下列监督检查职责：

其一，对下级人民政府卫生行政部门履行本法规定的传染病防治职责进行监督检查；

其二，对疾病预防控制机构、医疗机构的传染病防治工作进行监督检查；

其三，对采供血机构的采供血活动进行监督检查；

其四，对用于传染病防治的消毒产品及其生产单位进行监督检查，并对饮用水供水单位从事生产或者供应活动以及涉及饮用水卫生安全的产品进行监督检查；

其五，对传染病菌种、毒种和传染病检测样本的采集、保藏、携带、运输、使用进行监督检查；

其六，对公共场所和有关单位的卫生条件和传染病预防、控制措施进行监督检查。

省级以上人民政府卫生行政部门负责组织对传染病防治重大事项的处理。

根据传染病防治法第6条规定，国务院卫生行政部门主管全国传染病防治及其监督管理工作。县级以上地方人民政府卫生行政部门负责本行政区域的传染病防治及其监督管理工作。卫生行政部门监督检查的对象和行为主要包括如下：

其一，监督下级卫生行政部门的工作。地方人民政府卫生行政部门负责本行政区域的传染病防治工作，在传染病的预防、疫情报告、疫情通报、疫情公布、疫情控制等方面负有重要职责。此外，还负有监督其他传染病防治工作参与机关的职责。

其二，监督疾病预防控制机构和医疗机构的传染病防治工作。

疾病预防控制机构是传染病防治工作的主要参与者，各级疾病预防控制机构在传染病预防控制中承担的职责有：（1）实施传染病预防控制规划、计划和方案；（2）收集、分析和报告传染病监测信息，预测传染病的发生、流行趋势；（3）开展对传染病疫情和突发公共卫生事件的流行病学调查、现场处理及其效果评价；（4）开展传染病实验室检测、诊断、病原学鉴定；（5）实施免疫规划，负责预防性生物制品的使用管理；（6）开展健康教育、咨询，普及传染病防治知识；（7）指导、培训下级疾病预防控制机构及其工作人员开展传染病监测工作；（8）开展传染病防治应用性研究和卫生评价，提供技术咨询；等等。

3. 卫生健康行政部门履行监督检查职责时，如何采取临时控制措施？

县级以上地方人民政府卫生健康行政部门在履行监督检查职责时，发现被传染病病原体污染的公共饮用水源、食品及相关物品可能导致传染病传播、流行的，可以采取临时控制措施。

所谓临时控制措施，是指发生传染病疫情时，为了及时有效地控制疫情，消除传染病在人群中继续传播和流行危险所采取的临时性防治措施。地方政府卫生健康行政部门采取的临时控制措施主要包括：（1）封闭公共饮用水源、封存食品及相关物品、暂停销售。其中封闭公共饮用水源、封存食品及相关物品是对物的控制措施，暂停销售是对行为的控制措施。（2）检验和消毒。县级以上地方人民政府卫生健康行政部门，采取封闭公共饮用水源、封存食品及相关物品或者暂停销售的临时控制措施时，应当同时对被传染病病原体污染的公共饮用水源、食品及相关物品予以检验或者进行消毒。

县级以上地方政府卫生健康行政部门所采取的控制措施，必须满足以下两个条件：

其一，在实行监督检查职责时采取临时控制措施。其履行监督检查职责的对象包括：（1）下级政府卫生健康行政部门履行法律规定的传染病防治职责；（2）疾病预防控制机构、医疗机构的传染病防治工作；（3）采供血机构采取的预防经血液传播疾病控制措施；（4）用于传染病防治的消毒产品及其生产单位和饮用水供水单位，从事生产或者供应活动以及涉及饮用水安全的产品；（5）传染病菌种、毒种以及传染病检测样本采集、保藏、携带、运输、使用；（6）公共场所和有关单位的卫生条件和传染病预防、控制措施。

其二，在发现被传染病病原体污染的公共饮用水源、食品及相关物品，如不及时采取控制措施可能导致传染病传播、流行的情况下，才可采取控制措施。生活饮用水包括公共饮用水和私人饮用水。“公共饮用水源”是指集中式供水的江河、湖泊、溪潭、水库、涵渠等生活饮用水资源。“食品及相关物品”是指食品容器、包装材料和食品用工具、设备等。公共饮用水按照供水方式的不同，可以分为集中式供水和二次供水。“集中式供水”指由水源集中取水，经统一净化处理和消毒后，由输水管网送至用户的供水方式（包括公共供水和单位自建设施供水）。“二次供水”是指将来自集中式供水的管道水另行加压，贮存，再送至水站或用户的供水；包括客运船舶、火车客车等交通运输工具上的供水（有独自制水设施者除外）。

4. 卫生健康行政部门在履行监督检查职责时，如何履行调查取证权？

县级以上人民政府卫生健康行政部门在履行监督检查职责时，有权进入被检查单位和传染病疫情发生现场调查取证，查网或者复制有关的资料和采集样本。被检查单位应当予以配合，不得拒绝、阻挠。

卫生健康行政部门应履行以下两项调查取证权：

第一项，进入被检查单位和疫情现场。

进入被检查单位和疫情现场是调查取证的重要方式。在实践中，执法部门进入被检查单位较为困难，为了避免双方矛盾纠纷，一方面，对于执法部门进入被检查单位进行现场检查，被检查单位不得拒绝、阻挠。否则，可以按照治安管理处罚法有关规定给予治安处罚；构成犯罪的，可以按照刑法第 277 条规定追究刑事责任。另一方面，执法部门也要避免频繁地进入生产经营者的生产经营场所，从而保护生产经营者正常的生产经营活动。

除了进入生产经营场所外，还有需要进入疫情现场的情况，这里的疫情现场有可能是居民家中。根据宪法第 39 条规定，公民的住宅不受侵犯，禁止非法搜查或者非法侵入公民的住宅。因此，要进入公民住宅，必须有法律的授权，否则构成非法侵入。

第二项，查阅或者复制有关的资料和采集样本。

证据的收集对行政机关正确作出行政决定至关重要。查阅或者复制有关的资料和采集样本是收集证据的两种具体手段。被检查单位的有关资料可能涉及被检查单位的商业秘密，有的涉及患者隐私，被检查单位和个人一般不愿意被查阅或者复制，但为了监督的需要，法律赋予卫生健康行政部门查阅或者复制有关资料的权力。与此同时，需要明确，采集人体的血液、排泄物等作为样本，一般是作为医学分析之用，但同时也可以作为证据使用。

5. 在疫情防控中，卫生健康行政部门工作人员执法时，应遵守哪些程序规定?

在疫情防控中，卫生健康行政部门工作人员执行职务时，应遵守以下三个程序规定：（1）不得少于两名工作人员；（2）出示执法证件；（3）填写卫生执法文书。卫生执法文书经核对无误后，应当由卫生执法人员和当事人签名。当事人拒绝签名的，卫生执法人员应当注明情况。

为规范卫生健康行政执法行为，国家有关部门制定了卫生行政执法文书规范，对卫生执法文书的适用范围、制作要求、文书管理等作出了具体规定。卫生执法文书适用于现场卫生监督、卫生行政处罚等卫生行政执法活动。

卫生执法文书的具体类型主要包括如下：卫生监督意见书、卫生行政控制决定书、现场检查笔录、证据先行登记保存决定书、证据先行登记保存处理决定书、案件调查终结报告、合议记录、行政处罚事先告知书、行政处罚听证告知书、行政处罚听证通知书，等等。

填写执法文书时，应注意用蓝色或黑色的水笔或签字笔，保证字迹清楚、文字规范、文面清洁。有条件的卫生健康行政机关可按照规定的格式打印。因书写错误需要对文书进行修改的，应用杠线划去修改处，在其上方或者接下处写上正确内容。对外使用的文书作出修改的，应在改动处加盖校对章，或由对方当事人签名或盖章。预先设定的文书栏目，应逐项填写。摘要填写的，应简明扼要，完整、准确。签名和注明日期，必须清楚无误。

6. 医疗机构发现甲类传染病时，应当及时采取哪些措施？

甲类传染病传染性强、传播途径容易实现、传播速度快、人群普遍容易感染。一旦暴发、流行，后果非常严重，所以必须及时采取有效控制措施，防止其播散。医疗机构一经发现这些传染病，应当及时采取下列措施：

（1）对病人、病原携带者，予以隔离治疗。隔离治疗是将传染期内的病人、病原携带者安排在不可能传染给他人的环境里进行治疗，以防止病原体播散。实行隔离治疗有助于病人、病原携带者集中医治，充分利用卫生资源，使其尽早治愈和康复；有助于阻断传播途径，保护他人身体健康，免受传染病感染；有助于对被传染病病原体污染的场所、物品以及医疗废物实施消毒和无害化处置。

（2）对疑似病人，确诊前在指定场所单独隔离治疗。由于疑似病人有可能成为确诊病例，所以在确诊前必须对其实行单独隔离治疗。既不能同传染病病人在一起接受治疗，也不能同非传染病病人在一起接受治疗。

（3）对医疗机构内的病人、病原携带者、疑似病人的密切接触者，在指定场所进行医学观察和采取其他必要的预防措施。“密切接触者”是指与医疗机构内的传染病病人、病原携带者、疑似传染病病人有过一起工作，共同生活，或者以其他方式在较长时间里近距离接触的人。这样的接触经历极有可能使他们感染上传染病。“指定场所”可以在医疗机构内，也可以在医疗机构外，无论在哪里，都应当相对隔离。“医学观察期”应当超过传染病的最长潜伏期。“采取其他必要的预防措施”是指实行适当的医学干预，如接种疫苗、口服药物等。

根据传染病防治法的相关规定，基于对新型冠状病毒感染的肺炎的病原、流行病学、临床特征等特点的认识，报国务院批准同意，2020 年 1 月 20 日国家卫生健康委员会决定将新型冠状病毒感染的肺炎纳入法定传染病乙类管理，并采取甲类传染病的预防、控制措施。同时，将新型冠状病毒感染的肺炎纳入《中华人民共和国国境卫生检疫法》规定的检疫传染病管理。

7. 对乙类或者丙类传染病病人，是否需要采取必要的治疗和控制传播措施？

乙类传染病在国际上一般统称监测传染病。丙类传染病是根据其可能发生和流行的范围，通过确定疾病监测区和实验室进行监测管理的传染病。这两类传染病在传染性、传播途径、速度等方面不及或者远不及甲类传染病，但是，同样危及人类健康，同样可以暴发、流行。

根据传染病防治法第 3 条规定，乙类传染病是指：新型冠状病毒感染的肺炎、传染性非典型肺炎、艾滋病、病毒性肝炎、脊髓灰质炎、人感染高致病性禽流感、麻疹、流行性出血热、狂犬病、流行性乙型脑炎、登革热、炭疽、细菌性和阿米巴性痢疾、肺结核、伤寒和副伤寒、流行性脑脊髓膜炎、百日咳、白喉、新生儿破伤风、猩红热、布鲁氏菌病、淋病、梅毒、钩端螺旋体病、血吸虫病、疟疾。丙类传染病是指：流行性感冒、流行性腮腺炎、风疹、急性出血性结膜炎、麻风病、流行性和地方性斑疹伤寒、黑热病、包虫病、丝虫病，除霍乱、细菌性和阿米巴性痢疾、伤寒和副伤寒以外的感染性腹泻病。国务院卫生健康行政部门根据传染病暴发、流行情况和危害程度，可以决定增加、减少或者调整乙类、丙类传染病病种并予以公布。

医疗机构发现乙类或者丙类传染病病人，应当根据病情采取必要的治疗和控制传播措施。对于“必要的治疗和控制传播措施”，应当依照《中华人民共和国传染病防治法》《中华人民共和国传染病防治法实施办法》《艾滋病监测管理的若干规定》《国务院关于加强血吸虫病防治工作的决定》《性病防治管理办法》《结核病防治管理办法》等有关规定遵照执行。

8. 被新型冠状病毒病原体污染的污水、污物、场所和物品，须如何处理？

当发生传染病暴发、流行时，传染病病原体可以通过多种媒介进行扩散，如空气、水、媒介生物等。对被传染病病原体污染的污水、污物、场所和物品，有关单位和个人必须在疾病预防控制机构的指导下或者按照其提出的卫生要求，进行严格消毒处理；拒绝消毒处理的，由当地卫生健康行政部门或者疾病预防控制机构进行强制消毒处理。拥有上述物品的单位或者个人应当积极配合当地疾病预防控制机构进行消毒处理。

疫区中被传染病病原体污染或者可能被传染病病原体污染的物品，经消毒可以使用的，应当在当地疾病预防控制机构的指导下，进行消毒处理后，方可使用、出售和运输。

综上，必须明确的是，在确认疫区或者疫点的物品被传染病病原体或者可能被传染病病原体污染时，必须在当地疾病预防控制机构的指导下进行消毒处理，消毒合格后，方可以再进行出售、运输和使用，这是防止传染病进行扩散、切断传染源的重要手段之一。

9. 随意倾倒或者处置含有病原体的废物、有毒物质或者其他危险废物的，应当承担什么法律责任？

在疫情日常防控生活中，病原体的废物、有毒物质等其他危险废物是危害人们安全的物品，对此我国有相应的管控制度。有毒物质进入人体，累积达到一定量后，能与液体和器官组织发生生物化学作用或生物物理作用，扰乱或破坏机体的正常生理功能，引起某些器官和系统暂时性或持久性的病理改变，甚至危及生命。该有毒物质包括：无机毒物（氰、砷、硒）及其化合物类（氰化钾、三氧化二砷、氧化硒），有机毒物类中的卤代烃及其卤代物（氯乙醇、二氯甲烷等），有机磷、硫、砷、硅、腈、胺等化合物类，有机金属化合物，某些芳香烃，稠环及杂环化合物等。

根据治安管理处罚法第30条规定，违反国家规定，处置爆炸性、毒害性、放射性、腐蚀性物质或者传染病病原体等危险物质的，处10日以上15日以下拘留；情节较轻的，处5日以上10日以下拘留。

根据《最高人民法院、最高人民检察院关于办理妨害预防、控制突发传染病疫情等灾害的刑事案件具体应用法律若干问题的解释》第13条规定，违反传染病防治法等国家有关规定，向土地、水体、大气排放、倾倒或者处置含传染病病原体的废物、有毒物质或者其他危险废物，造成突发传染病传播等重大环境污染事故，致使公私财产遭受重大损失或者人身伤亡的严重后果的，依照刑法第338条的规定，以重大环境污染事故罪定罪处罚。

刑法第338条规定了重大环境污染事故罪的量刑标准，根据本条规定，违反国家规定，排放、倾倒或者处置有放射性的废物、含传染病病原体的废物、有毒物质或者其他有害物质，严重污染环境的，处3年以下有期徒刑或者拘役，并处或者单处罚金；后果特别严重的，处3年以上7年以下有期徒刑，并处罚金。

10. 对已经发生甲类传染病病例的场所或者该场所内的特定区域的人员，所在地的县级以上地方人民政府如何实施隔离措施？隔离措施有哪些？

对已经发生甲类传染病病例的场所或者该场所内的特定区域的人员，所在地的县级以上地方人民政府可以实施隔离措施，并同时向上一级人民政府报告；接到报告的上级人民政府应当即时作出是否批准的决定。上级人民政府作出不予批准决定的，实施隔离措施的人民政府应当立即解除隔离措施。

隔离措施一般包括隔离治疗和隔离观察两种。

隔离治疗，是指对传染期内的病人、病原携带者在上述的条件下进行医学治疗，保证其不传染给其他人员。根据传染病的类别、传播途径及具体条件，隔离治疗可分为住院隔离、临时病室隔离、家庭隔离。隔离治疗的期限，可以根据不同法定传染病的具体防治方案而定。为了保证隔离治疗的有效实施，对拒绝隔离治疗或隔离期限未满，擅自脱离隔离治疗者，医疗机构，疾病预防控制机构可以依法要求公安部门协助采取强制隔离和治疗措施。

隔离观察，是指对疑似传染病病原携带者在上述条件下，进行密切观察，定期进行检查，保证其不传染给其他人员。隔离观察分为住院隔离观察、集中隔离观察、居家隔离观察。实施隔离观察是针对疑似传染病病原体携带者的一项强制措施。隔离观察期间，可以对其某一项或者某几项指标进行定期检查，一旦发现可疑体征和症状必须立即应对，并保持高度警惕，更加密切地观察；发现是传染病病人应当立即送医疗机构进行隔离治疗。同样，对拒绝隔离观察或隔离观察期未满，擅自脱离隔离观察者，疾病预防控制机构、医疗机构可以依法要求公安部门协助，采取必要的强制观察措施。

需要注意，在隔离期间，实施隔离措施的人民政府应当对被隔离人员提供生活保障；被隔离人员有工作单位的，所在单位不得停止支付其隔离期间的工作报酬。隔离措施的解除，由原决定机关决定并宣布。

11. 拒不履行防疫的行为有哪些表现？对于情节严重的，应该如何给予刑事制裁？

经国务院批准，对于新型冠状病毒感染的肺炎采取甲类传染病的防控措施。因此，病毒感染携带者及其密切接触者，若有下列拒不履行防疫的行为应受行政处罚，情节严重触犯刑法者，则可能面临刑事犯罪指控和刑事制裁。

其一，新型冠状病毒携带者或其密切接触者，包括患有或疑似患有新型冠状病毒感染的肺炎者，明知自己不履行报告、隔离等防疫义务可能导致病毒传播，却仍然出入公共场所，向他人甚至向餐厅、食堂饭菜吐口水等，危害公共安全的，依照刑法第 114 条、第 115 条第 1 款的规定，按照以危险方法危害公共安全罪追究刑事责任。由于此罪在主观上必须出于故意，既可以是直接故意，又可以是间接故意。上述人员虽非故意，但明知自己患有或疑似患有新型冠状病毒感染的肺炎，或与患者有过密切接触，应履行防疫义务接受检疫、强制隔离或治疗，却因害怕隔离等而不履行防疫义务，比如，有的患者亲属在确诊后逃回家中躲藏，如过失造成疫情传播，情节严重，危害公共安全的，应按过失以危险方法危害公共安全罪，适用刑法第 115 条第 2 款的规定，进行定罪处罚。

其二，根据最高人民法院、最高人民检察院、公安部、司法部 2020 年 2 月 6 日联合制定印发的《最高人民法院、最高人民检察院、公安部、司法部关于依法惩治妨害新型冠状病毒感染肺炎疫情防控违法犯罪的意见》规定，对于以下暴力伤医犯罪的行为必须依法严惩。在疫情防控期间，故意伤害医务人员造成轻伤以上的严重后果，或者对医务人员实施撕扯防护装备、吐口水等行为，致使医务人员感染新型冠状病毒的，依照刑法第 234 条的规定，以故意伤害罪定罪处罚。患者或其亲属随意殴打医务人员，情节恶劣的；追逐、拦截或以暴力或者其他方法公然侮辱、恐吓医务人员，情节恶劣的；强拿硬要或者任意损毁、占用疫情防控物资，情节严重的；在医疗机构起哄闹事，造成医疗秩序严重混乱的，依据刑法第 293 条的规定，以寻衅滋事罪论处。采取暴力或者其他方法公然侮辱、恐吓医务人员，符合刑法第 246 条、第 293

条规定的，以侮辱罪或者寻衅滋事罪定罪处罚。以不准离开工作场所等方式非法限制医务人员人身自由，符合刑法第 238 条规定的，以非法拘禁罪定罪处罚。

其三，以暴力、威胁方法阻碍国家机关工作人员等依法执行检疫、强制隔离、隔离治疗等疫情防控职务或职责的，依照刑法第 277 条妨害公务罪的规定追究刑事责任。在此，必须明确的是，妨害公务罪的行为对象，既非仅限于国家机关工作人员实施主体，也非专指国家机关工作人员等依法履行职责所使用的财产设施，而是依法进行的国家公务活动或其辅助延伸。所以，只要行为人以暴力、威胁方式阻碍了疫情防控国家公务的依法正常进行，不管公务活动的实施者是否具有国家机关工作人员身份，均为妨害公务行为。

12. 对于拒绝隔离治疗的，医疗机构是否可以采取强制措施？

根据传染病防治法第 39 条规定，医疗机构发现甲类传染病时，应当及时采取下列措施：（1）对病人、病原携带者，予以隔离治疗，隔离期限根据医学检查结果确定；（2）对疑似病人，确诊前在指定场所单独隔离治疗；（3）对医疗机构内的病人、病原携带者、疑似病人的密切接触者，在指定场所进行医学观察和采取其他必要的预防措施。

对于拒绝隔离治疗或者隔离期未满擅自脱离隔离治疗的，可以由公安机关协助医疗机构采取强制隔离治疗措施。医疗机构发现乙类或者丙类传染病病人，应当根据病情采取必要的治疗和控制传播措施。医疗机构对本单位内被传染病病原体污染的场所、物品以及医疗废物，必须依照法律、法规的规定实施消毒和无害化处置。

针对新冠肺炎疫情，2020 年 1 月 28 日，国家卫健委发布的《新型冠状病毒感染的肺炎防控方案（第三版）》明确指出，医疗机构应按照《医疗机构内新型冠状病毒感染预防与控制技术指南（第一版）》的要求，必须重视和加强隔离、消毒和防护工作，全面落实防止院内感染的各项措施，做好预检分诊工作，做好发热门诊、急诊以及其他所有普通病区（房）的院感控制管理。对新型冠状病毒肺炎病例（包括疑似病例和确诊病例）以及感染者中的轻症病例实行隔离治疗，疑似病例应当进行单间隔离治疗。如果当地发生强度较大流行，医疗资源紧张时，轻症病例和无症状感染者可采取居家治疗与隔离观察。

13. 医疗机构救治传染病患者时，应该如何实施传染病预检、分诊制度？

根据传染病防治法的规定，县级以上人民政府应当加强和完善传染病医疗救治服务网络的建设，指定具备传染病救治条件和能力的医疗机构承担传染病救治任务，或者根据传染病救治需要设置传染病医院。《医疗机构传染病预检分诊管理办法》规定，医疗机构应当建立传染病预检、分诊制度。

我国医疗机构应当实行传染病预检、分诊制度；对传染病病人、疑似传染病病人，应当引导至相对隔离的分诊点进行初诊。医疗机构不具备相应救治能力的，应当将患者及其病历记录复印件一并转至具备相应救治能力的医疗机构。

医疗机构在实施传染病预检、分诊制度中，应注意以下几个方面。第一，二级以上综合医院应当设立感染性疾病科，具体负责本医疗机构传染病的分诊工作，并对本医疗机构的传染病预检、分诊工作进行组织管理。没有设立感染性疾病科的医疗机构应当设立传染病分诊点。第二，感染性疾病科和分诊点应当标识明确，相对独立，通风良好，流程合理，具有消毒隔离条件和必要的防护用品。第三，医疗机构各科室的医师在接诊过程中，应当注意询问病人有关的流行病学史、职业史，结合病人的主诉、病史、症状和体征等对来诊的病人进行传染病的预检。经预检为传染病病人或者疑似传染病病人的，应当将病人分诊至感染性疾病科或者分诊点就诊，同时对接诊处采取必要的消毒措施。

14. 医疗机构应当如何预防与控制医院感染和医源性感染，提高传染病救治能力?

在疫情防控工作中，医疗机构在其基本标准、建筑设计和服务流程方面，应当符合预防传染病医院感染的要求。医疗机构应当按照国务院卫生健康行政部门规定的传染病诊断标准和治疗要求，采取相应措施，提高传染病医疗救治能力，防止医院感染和医源性感染。

医院感染是指住院病人在医院内获得的感染，包括在住院期间发生的感染和在医院内获得出院后发生的感染，但不包括入院前已开始或者入院时已处于潜伏期的感染。医院工作人员在医院内获得的感染也属医院感染。预防与控制医院感染是医疗机构提高医疗质量、保障医疗安全、维护医务人员自身职业健康的一项重要工作。医源性感染是指在医学服务中，因病原体传播引起的感染，其感染的原因与途径较多。

为了有效预防与控制医院感染和医源性感染，应从以下方面予以注意防控。

其一，按照规定对使用的医疗器械进行消毒。

可以重复使用的手术器械或者内窥镜等必须经过严格的消毒灭菌后方可使用。消毒时，必须按照《医疗器械监督管理条例》《医疗机构消毒技术规范》《消毒管理办法》等有关规定执行，不得出现偏差。

其二，按照规定销毁使用后的一次性医疗器具。

在临床广泛使用一次性使用输液（输血、注射）器，旨在降低医院感染发病率，有效控制各种传染病的医源性传播。医疗机构在日常管理过程中，特别是向传染病病人或者疑似传染病病人开展医疗救治时，必须严格按照《医疗废物分类目录》《医疗废物专用包装物、容器标准和警示标识规定》《卫生部关于加强一次性使用输液（血）器、一次性使用无菌注射器临床使用管理的通知》《关于重申加强一次性使用无菌医疗用品管理的通知》《医疗机构消毒技术规范》《消毒管理办法》等有关规定，加强对一次性使用输液（输血、注射）器临床使用的管理。废弃的输液（输血、注射）器等一次性医疗器具必须按照相关规定及时消毒、毁形或集中处置，严禁流向社会。

15. 医疗机构在传染病预防控制工作中，主要承担哪些传染病防治工作职责？

在传染病预防、控制工作中，医疗机构主要承担与医疗救治有关的传染病防治和责任区域内的传染病预防的重任。

其具体工作职责包括如下：

（1）严格执行有关管理制度和操作规定，防止传染病的医源性感染和医院感染；

（2）承担传染病疫情报告、本单位的传染病预防以及责任区域内的传染病预防工作；

（3）承担医疗活动中与医院感染有关的危险因素监测、安全防护、消毒、隔离和医疗废物处置工作；

（4）对传染病病原体实行严格管理，严防传染病病原体的实验室感染和病原微生物的扩散；

（5）发现传染病时，采取相应的措施；

（6）按照规定对使用的医疗器械进行消毒；对按照规定一次性使用的医疗器具，应当在使用后予以销毁；

（7）对传染病病人或者疑似传染病病人提供医疗救护、现场救援和接诊治疗等。

卫生健康行政部门作为医疗卫生事业的主管部门，对医疗机构的上述行为进行监督检查。

16. 在疫情防控工作中，采用设卡拦截、断路阻断交通等方式隔离疫情是否合法？

在疫情防控工作中，为了严格依法实施防控措施，坚决防止疫情蔓延，根据传染病防治法、突发事件应对法、突发公共卫生事件应急条例等法律法规的规定，各级政府及其有关部门可以采取必要的紧急措施以防控疫情。

必要的紧急措施主要包括：（1）对患者或疑似患者依法采取隔离措施。（2）采取切断传染病传播途径的紧急措施，如限制或者停止人群聚集的活动；停工、停业、停课；封闭或者封存被传染病病原体污染的公共饮用水源、食品以及相关物品；控制或者捕杀染疫野生动物、家畜家禽；封闭可能造成传染病扩散的场所。（3）实施交通卫生检疫。（4）根据传染病疫情控制的需要，依法临时征用房屋、交通工具以及相关设施、设备，但应当依法给予补偿，能返还的应当及时返还。（5）加强和完善传染病医疗救治服务网络建设，指定具备传染病救治条件和能力的医疗机构承担传染病救治任务，或者根据传染病救治需要设置传染病医院。

在此，需要注意的是，采取设卡拦截、断路阻断交通等疫情紧急防控措施必须主体适格、措施适度。"主体适格"，是指这些防控措施只能由政府及其相关部门依法实施，其他单位和个人未经批准不得擅自采取设卡拦截、断路堵路、阻断交通等侵害公民合法权益的行为。"措施适度"，是指根据法律规定，各级政府及其部门采取该类疫情防控措施，要与疫情可能造成的社会危害的性质、程度和范围相适应；应当选择有利于最大程度地保护公民、法人和其他组织权益的措施。依法办事，科学有序地做好疫情防控工作，正是打赢疫情防控阻击战的重要保障。为此，各级人民政府和有关部门、国家工作人员都应当依法履行疫情防控职责。如果滥用职权、玩忽职守、徇私舞弊的，则依法给予处分；构成犯罪的，依法追究刑事责任。

17. 发生传染病时，在什么情况下可以实施交通卫生检疫？

传染病具有传播扩散的特征，可由一个地区，经交通工具（如船舶、飞机、火车及其他车辆）、乘运交通工作的人员、运送的物资等途径，发生传染病的相互传入、传出。随着社会经济的发展，国际、国内的人员物资交流频繁，因此，防止经交通运输导致传染病扩散尤为必要。

传染病防治法第 44 条规定，发生甲类传染病时，为了防止该传染病通过交通工具及其乘运的人员、物资传播，可以实施交通卫生检疫。交通卫生检疫的主要内容包括对进出疫区人员在指定场所接受医学检查和观察，以便及时发现传染病病人和疑似传染病病人，对交通工具及物品、病媒生物进行卫生检查和卫生处理，限制疫区与非疫区间的交往等。检疫工作一般分为国内卫生检疫和国际卫生检疫，为了保证交通检疫工作的实施，对疾病预防控制机构按照有关规定作出的检疫处理，有关单位和个人都必须遵守和接受。

18. 对于入境、出境人员，我国应采取哪些传染病预防与控制措施?

为了防止疫情扩散，对于入境、出境的人员，国境卫生检疫机关应实施传染病监测，并且采取如下必要的预防、控制措施。

（1）国境卫生检疫机关有权要求入境、出境的人员填写健康申明卡，出示某种传染病的预防接种证书、健康证明或者其他有关证件。

（2）对患有监测传染病的人、来自国外监测传染病流行区的人或者与监测传染病人密切接触的人，国境卫生检疫机关应当区别情况，发给就诊方便卡，实施留验或者采取其他预防、控制措施，并及时通知当地卫生健康行政部门。

（3）各地医疗单位对持有就诊方便卡的人员，应当优先诊治。

（4）根据国境卫生检疫法、国境卫生检疫法实施细则的规定，入境、出境的人员、交通工具、运输设备、集装箱以及可能传播检疫传染病的行李、货物、邮包等物品，均应当接受检疫，经国境卫生检疫机关许可，方准入境或者出境。

19. 将新型冠状病毒感染的肺炎列入“检疫传染病”管理，对出入境人员主要有哪些影响？出入境人员拒绝接受卫生检疫的，其法律后果有哪些？

《中华人民共和国国家卫生健康委员会公告》（2020 年第 1 号）规定：经国务院批准，将新型冠状病毒感染的肺炎纳入《中华人民共和国国境卫生检疫法》规定的检疫传染病管理。为此，对于入境、出境的人员、交通工具、运输设备以及可能传播检疫传染病的行李、货物、邮包等物品，都应当接受检疫，经国境卫生检疫机关许可，方准入境或者出境。

根据国境卫生检疫法第 12 条规定，国境卫生检疫机关对检疫传染病染疫人必须立即将其隔离，隔离期限根据医学检查结果确定；对检疫传染病染疫嫌疑人应当将其留验，留验期限根据该传染病的潜伏期确定。因患检疫传染病而死亡的尸体，必须就近火化。该法第 14 条第 1 款规定，国境卫生检疫机关对来自疫区的、被检疫传染病污染的或者可能成为检疫传染病传播媒介的行李、货物、邮包等物品，应当进行卫生检查，实施消毒、除鼠、除虫或者其他卫生处理。

出入境人员拒绝接受卫生检疫，并有下列行为之一的，国境卫生检疫机关可以根据情节轻重，给予警告或者罚款：（1）逃避检疫，向国境卫生检疫机关隐瞒真实情况的；（2）入境的人员未经国境卫生检疫机关许可，擅自上下交通工具，或者装卸行李、货物、邮包等物品，不听劝阻的。根据国境卫生检疫法第 22 条规定，违反本法规定，引起检疫传染病传播或者有引起检疫传染病传播严重危险的，依照刑法第 178 条的规定追究刑事责任。国境卫生检疫法实施细则第 109 条第 3 项、第 110 条第 1 款规定，对拒绝接受检疫或者抵制卫生监督，拒不接受卫生处理的，处以警告或者 100 元以上 5000 元以下的罚款。

20. 引起检疫传染病传播或者有引起检疫传染病传播严重危险的，需要承担刑事责任吗?

所谓“检疫传染病”，是指鼠疫、霍乱、黄热病以及国务院确定和公布的其他传染病。为了做好检疫传染病的防控，根据国境卫生检疫法的规定，入境的交通工具和人员，必须在最先到达的国境口岸的指定地点接受检疫。出境的交通工具和人员，必须在最后离开的国境口岸接受检疫。来自国外的船舶、航空器因故停泊、降落在中国境内非口岸地点的时候，船舶、航空器的负责人应当立即向就近的国境卫生检疫机关或者当地卫生健康行政部门报告。除紧急情况外，未经国境卫生检疫机关或者当地卫生健康行政部门许可，任何人不准上下船舶、航空器，不准装卸行李、货物、邮包等物品。在国境口岸发现检疫传染病、疑似检疫传染病，或者有人非因意外伤害而死亡并死因不明的，国境口岸有关单位和交通工具的负责人，应当立即向国境卫生检疫机关报告，并申请临时检疫。

国境卫生检疫机关根据国家规定的卫生标准，对国境口岸的卫生状况和停留在国境口岸的入境、出境的交通工具的卫生状况，实施以下卫生监督：（1）监督和指导有关人员对啮齿动物、病媒昆虫的防除；（2）检查和检验食品、饮用水及其储存、供应、运输设施；（3）监督从事食品、饮用水供应的从业人员的健康状况，检查其健康证明书；（4）监督和检查垃圾、废物、污水、粪便、压舱水的处理。

国境卫生检疫法第 22 条规定：“违反本法规定，引起检疫传染病传播或者有引起检疫传染病传播严重危险的，依照刑法有关规定追究刑事责任。”刑法第 332 条规定：“违反国境卫生检疫规定，引起检疫传染病传播或者有传播严重危险的，处三年以下有期徒刑或者拘役，并处或者单处罚金。单位犯前款罪的，对单位判处罚金，并对其直接负责的主管人员和其他直接责任人员，依照前款的规定处罚。”

21. 患有突发传染病或者疑似突发传染病而拒绝接受检疫、强制隔离或者治疗的，是否要承担刑事责任？

根据我国法律规定，患有突发传染病或者疑似突发传染病，拒绝接受检疫、强制隔离或者治疗，过失造成传染病传播，情节严重，危害公共安全的，依照刑法第 115 条第 2 款的规定，按照过失以危险方法危害公共安全罪定罪，处 3 年以上 7 年以下有期徒刑；情节较轻的，处 3 年以下有期徒刑或者拘役。

根据《最高人民法院、最高人民检察院关于办理妨害预防、控制突发传染病疫情等灾害的刑事案件具体应用法律若干问题的解释》的规定，故意传播突发传染病病原体，危害公共安全的，依照刑法第 114 条、第 115 条第 1 款的规定，按照以危险方法危害公共安全罪定罪。

22. 有关单位和个人违反传染病防治法规定，导致传染病传播、流行可能承担哪些法律责任？

有关单位和个人违反传染病防治法规定，导致传染病传播、流行，应承担民事责任、行政责任、刑事责任等法律责任。

其一，应承担的民事责任。根据传染病防治法第 77 条规定，有关单位和个人违反本法规定，导致传染病传播、流行，给他人人身、财产造成损害的，应当依法承担民事责任。

其二，应承担的行政责任。根据传染病防治法实施办法第 66 条规定，有下列行为之一的，由县级以上政府卫生行政部门责令限期改正，可以处 5000 元以下的罚款；情节较严重的，可以处 5000 元以上 2 万元以下的罚款，对主管人员和直接责任人员由其所在单位或者上级机关给予行政处分：（1）传染病病人、病原携带者故意传播传染病，造成他人感染的；（2）甲类传染病病人、病原携带者或者疑似传染病病人，乙类传染病中艾滋病、肺炭疽病人拒绝进行隔离治疗的。

传染病防治法实施办法第 68 条规定，单位和个人出售、运输被传染病病原体污染和来自疫区可能被传染病病原体污染的皮毛、旧衣物及生物用品的，由县级以上政府卫生行政部门责令限期进行卫生处理，可以处出售金额 1 倍以下的罚款；造成传染病流行的，根据情节，可以处相当出售金额 3 倍以下的罚款，危害严重，出售金额不满 2000 元的，以 2000 元计算；对主管人员和直接责任人员由所在单位或者上级机关给予行政处分。

传染病防治法实施办法第 70 条规定，有下列行为之一的单位和个人，县级以上政府卫生行政部门报请同级政府批准，对单位予以通报批评；对主管人员和直接责任人员由所在单位或者上级机关给予行政处分。（1）传染病暴发、流行时，妨碍或者拒绝执行政府采取紧急措施的；（2）传染病暴发、流行时，医疗保健人员、卫生防疫人员拒绝执行各级政府卫生行政部门调集其参加控制疫情的决定的；（3）对控制传染病暴发、流行负有责任的部门拒绝执行政府有关控制疫情决定的；（4）无故阻止和拦截依法执行处理疫情任务的车辆和人员的。

其三，应承担的刑事责任。根据刑法第 330 条规定，违反传染病防治法规定，拒绝执行卫生防疫机构的预防、控制措施，引起甲类传染病传播或者有传播严重危险，构成妨害传染病防治罪的，处 3 年以下有期徒刑或者拘役；后果特别严重的，处 3 年以上 7 年以下有期徒刑。单位犯前款罪的，对单位判处罚金，并对其直接负责的主管人员和其他直接责任人员，依照前款的规定处罚。

《最高人民检察院、公安部关于公安机关管辖的刑事案件立案追诉标准的规定（一）》第 49 条规定，违反传染病防治法的规定，引起甲类或者按照甲类管理的传染病传播或者有传播严重危险，涉嫌拒绝执行疾病预防控制机构依照传染病防治法提出的预防、控制措施的，应予立案追诉。

《最高人民法院、最高人民检察院关于办理妨害预防、控制突发传染病疫情等灾害的刑事案件具体应用法律若干问题的解释》第1条规定，故意传播突发传染病病原体，危害公共安全的，依照刑法第114条、第115条第1款的规定，按照以危险方法危害公共安全罪定罪处罚。患有突发传染病或者疑似突发传染病，拒绝接受检疫、强制隔离或者治疗，过失造成传染病传播，情节严重且危害公共安全的，依照刑法第115条第2款的规定，按照过失以危险方法危害公共安全罪定罪处罚。第8条规定，以暴力、威胁方法阻碍国家机关工作人员、红十字会工作人员，依法履行为预防控制传染病疫情而采取的防疫、检疫、强制隔离、隔离治疗等措施的，依照刑法第277条第1款、第3款的规定，以妨害公务罪定罪处罚。

23. 卫生健康行政部门在防控疫情时违反法律规定，应承担哪些法律责任?

在防控传染病疫情中，县级以上人民政府卫生健康行政部门违反传染病防治法规定，有下列情形之一的，由本级人民政府、上级人民政府卫生健康行政部门责令改正，通报批评；造成传染病传播、流行或者其他严重后果的，对负有责任的主管人员和其他直接责任人员，依法给予行政处分；构成犯罪的，依法追究刑事责任：

一是未依法履行传染病疫情通报、报告或者公布职责，或者隐瞒、谎报、缓报传染病疫情的；

二是发生或者可能发生传染病传播时未及时采取预防、控制措施的；

三是未依法履行监督检查职责，或者发现违法行为不及时查处的；

四是未及时调查、处理单位和个人对下级卫生健康行政部门不履行传染病防治职责的举报的；

五是违反本法的其他失职、渎职行为。

24. 卫生健康行政部门工作人员由于防控疫情严重失职，导致传染病传播或者流行如何处罚？

《最高人民法院、最高人民检察院关于办理妨害预防、控制突发传染病疫情等灾害的刑事案件具体应用法律若干问题的解释》第16条规定，在预防、控制突发传染病疫情等灾害期间，从事传染病防治的政府卫生行政部门的工作人员，或者在受政府卫生行政部门委托代表政府卫生行政部门行使职权的组织中从事公务的人员，或者虽未列入政府卫生行政部门人员编制但在政府卫生行政部门从事公务的人员，在代表政府卫生行政部门行使职权时，严重不负责任，导致传染病传播或者流行，情节严重的，依照刑法第409条的规定，以传染病防治失职罪定罪处罚。

刑法第409条规定，从事传染病防治的政府卫生行政部门的工作人员严重不负责任，导致传染病传播或者流行，情节严重的，处3年以下有期徒刑或者拘役。具有下列情形之一的，属于刑法第409条规定的“情节严重的”：

一是对发生突发传染病疫情等灾害的地区或者突发传染病病人、病原携带者、疑似突发传染病病人，未按照预防、控制突发传染病疫情等灾害工作规范的要求做好防疫、检疫、隔离、防护、救治等工作，或者采取的预防、控制措施不当，造成传染范围扩大或者疫情、灾情加重的；

二是隐瞒、缓报、谎报或者授意、指使、强令他人隐瞒、缓报、谎报疫情、灾情，造成传染范围扩大或者疫情、灾情加重的；

三是拒不执行突发传染病疫情等灾害应急处理指挥机构的决定、命令，造成传染范围扩大或者疫情、灾情加重的；

四是具有其他严重情节的。

25. 疾病预防控制机构在防控疫情过程中违反法律规定，应承担什么法律责任？

根据传染病防治法规定，疾病预防控制机构应当主动收集、分析、调查、核实传染病疫情信息。接到甲类、乙类传染病疫情报告或者发现传染病暴发、流行时，应当立即报告当地卫生行政部门，由当地卫生行政部门立即报告当地人民政府，同时报告上级卫生行政部门和国务院卫生行政部门。疾病预防控制机构应当设立或者指定专门的部门、人员负责传染病疫情信息管理工作，及时对疫情报告进行核实、分析。

疾病预防控制机构违反法律规定有下列情形之一的，由县级以上人民政府卫生行政部门责令限期改正，通报批评，给予警告；对负有责任的主管人员和其他直接责任人员，依法给予降级、撤职、开除的处分，并可以依法吊销有关责任人员的执业证书；构成犯罪的，依法追究刑事责任：

其一，未依法履行传染病监测职责的；

其二，未依法履行传染病疫情报告、通报职责，或者隐瞒、谎报、缓报传染病疫情的；

其三，未主动收集传染病疫情信息，或者对传染病疫情信息和疫情报告未及时进行分析、调查、核实的；

其四，发现传染病疫情时，未依据职责及时采取传染病防治法规定的措施的；

其五，故意泄露传染病病人、病原携带者、疑似传染病病人、密切接触者涉及个人隐私的有关信息、资料的。

26. 医疗机构在防控疫情中，有哪些失职行为应追究法律责任？

医疗机构违反传染病防治法规定，有下列失职行为的，由县级以上人民政府卫生行政部门责令改正，通报批评，给予警告；造成传染病传播、流行或者其他严重后果的，对负有责任的主管人员和其他直接责任人员，依法给予降级、撤职、开除的处分，并可以依法吊销有关责任人员的执业证书；构成犯罪的，依法追究刑事责任。

其一，未按照规定承担本单位的传染病预防、控制工作、医院感染控制任务和责任区域内的传染病预防工作的；

其二，未按照规定报告传染病疫情，或者隐瞒、谎报、缓报传染病疫情的；

其三，发现传染病疫情时，未按照规定对传染病病人、疑似传染病病人提供医疗救护、现场救援、接诊、转诊的，或者拒绝接受转诊的；

其四，未按照规定对本单位内被传染病病原体污染的场所、物品以及医疗废物实施消毒或者无害化处置的；

其五，未按照规定对医疗器械进行消毒，或者对按照规定一次性使用的医疗器具未予销毁，再次使用的；

其六，在医疗救治过程中未按照规定保管医学记录资料的；

其七，故意泄露传染病病人、病原携带者、疑似传染病病人、密切接触者涉及个人隐私的有关信息、资料的。

27. 在疫情防控中，生活饮用水供水单位和生物制品生产单位违反法律规定情节严重的，应承担哪些刑事责任？

根据刑法第 330 条规定，生活饮用水供水单位违反传染病防治法的规定，有下列情形之一，引起甲类传染病传播或者有传播严重危险的，处 3 年以下有期徒刑或者拘役；后果特别严重的，处 3 年以上 7 年以下有期徒刑：供水单位供应的饮用水不符合国家规定的卫生标准；……单位犯前款罪的，对单位判处罚金，并对其直接负责的主管人员和其他直接责任人员，依照前款的规定处罚。所谓“后果特别严重”，是指造成众多人感染甲类传染病以及多人死亡等特别严重后果的。在本条中，生活饮用水供水单位可能构成刑法第 330 条规定的妨害传染病防治罪。

生活饮用水供水单位构成妨害传染病防治罪，主要表现在以下四个方面：

（1）生活饮用水供水单位违反传染病防治法的规定，供应不符合国家卫生标准和卫生规范的生活饮用水的行为侵犯的客体是国家对甲类传染病的管理秩序。

（2）在客观方面具备两个条件：一是行为要件，即供水单位供应的饮用水不符合国家规定的卫生标准；二是结果要件，即引起甲类传染病传播或者有传播的严重危险。“引起甲类传染病传播”，属于刑法上的实害犯，而“引起甲类传染病有传播的严重危险”，属于刑法上的危险犯。

（3）犯罪主体包括供水单位及其负有责任的主管人员和其他直接责任人员。

（4）犯罪主体的主观方面是过失，尽管行为人对违反国家规定的饮用水卫生标准可能是故意的，但行为人对引起甲类传染病传播或者严重传播危险的后果的心理状态是过失。

根据刑法第 334 条第 2 款的规定，经国家主管部门批准制作、供应血液制品的部门，作为生物制品生产单位，不依照规定进行检测或者违背其他操作规定，造成危害他人身体健康后果的，对单位判处罚金，并对其直接负责的主管人员和其他直接责任人员，处 5 年以下有期徒刑或者拘役。刑法第 334 条第 2 款规定了制作、供应血液制品事故罪，生物制品生产单位生产血液制品是经过批准的，违反法律规定情节严重的，所构成的犯罪应为制作血液制品事故罪。

制作血液制品事故罪是一项责任事故罪，应从以下几个方面予以认定：

（1）犯罪主体是合法生产血液制品的单位，未经批准的生产单位不构成本罪。本罪是实行“双罚制”的单位犯罪，不仅追究生产单位的刑事责任，还追究其直接负责的主管人员和其他直接责任人员的刑事责任。

（2）犯罪的主观上是过失，不是故意。此处过失是指应当预见自己的行为可能造成危害他人身体健康后果，因为疏忽大意而没有预见，或者已经遇见而轻信能够避免，以致发生这种后果的主观心理状态。

（3）犯罪行为是制作血液制品时，未依照规定进行检测或者违背其他操作规定的行为。例如，根据《血液制品管理条例》第25条、第26条、第29条的规定，血液制品生产单位在原料血浆投料生产前，必须使用有产品批号，并经国家药品生物制品检定机构逐批检定合格的体外诊断试剂，对每一份血浆进行全面复检。原料血浆复检不合格的，不得投料生产，并按照规定予以销毁。血液制品出厂前，必须经过质量检验，检验不符合国家标准的，严禁出厂。血液制品生产经营单位生产、包装、存储、运输、经营血液制品，应当符合国家规定的卫生标准和要求。

28. 在疫情防控中，党员干部如果有违反党纪行为，应该如何处分？

在严峻复杂的疫情防控工作中，广大党员干部夜以继日地奋战在防控疫情第一线，作出了巨大的无私奉献。但仍有少数干部在疫情防控工作中履职不力，违反了党纪规定。党员干部在疫情防控工作中违反的党纪行为，通常是违反工作纪律，违反政治纪律、组织纪律、群众纪律。对此，应予以相应的处分。

在疫情防控工作中，较为普遍的违纪行为是违反工作纪律行为，如有的人不及时准确报送疫情防控工作信息，有的人擅离职守，不到岗到位，有的人工作流于形式，作风不实、履责不力，等等。《中国共产党纪律处分条例》第121条对此规定，工作中不负责任或者疏于管理，贯彻执行、检查督促落实上级决策部署不力，给党、国家和人民利益以及公共财产造成较大损失的，对直接责任者和领导责任者，给予警告或者严重警告处分；造成重大损失的，给予撤销党内职务、留党察看或者开除党籍处分。

在疫情防控工作中，有关责任人员若不按规定执行请示报告重大事项，则可能构成违反政治纪律错误。《中国共产党纪律处分条例》第 54 条规定："不按照有关规定向组织请示、报告重大事项，情节较重的，给予警告或者严重警告处分；情节严重的，给予撤销党内职务或者留党察看处分。"

党员干部在疫情防控工作中，若拒不服从组织安排，则可能违反组织纪律。《中国共产党纪律处分条例》第 72 条规定："拒不执行党组织的分配、调动、交流等决定的，给予警告、严重警告或者撤销党内职务处分。在特殊时期或者紧急状况下，拒不执行党组织决定的，给予留党察看或者开除党籍处分。"需要注意的是，当前新冠肺炎疫情防控应属于本条规定的"特殊时期或者紧急状况"。

党员干部在工作中若存在截留群众防疫、救济物资等行为，则可能构成违反群众纪律错误。《中国共产党纪律处分条例》第 112 条规定："有下列行为之一，对直接责任者和领导责任者，情节较轻的，给予警告或者严重警告处分；情节较重的，给予撤销党内职务或者留党察看处分；情节严重的，给予开除党籍处分：……（二）违反有关规定扣留、收缴群众款物或者处罚群众的；（三）克扣群众财物，或者违反有关规定拖欠群众钱款的……"

29. 在疫情防控中，党员干部如果防控失职情节严重的，应该如何给予定罪处罚？

在疫情防控工作中，党员干部如果防控失职情节严重的，首先可能触犯的罪名就是刑法第 409 条规定的"传染病防治失职罪"，该条明确规定："从事传染病防治的政府卫生行政部门的工作人员严重不负责任，导致传染病传播或者流行，情节严重的，处三年以下有期徒刑或者拘役。"该罪的犯罪主体是特殊主体，即政府卫生行政部门的工作人员。根据《最高人民法院、最高人民检察院关于办理妨害预防、控制突发传染病疫情等灾害的刑事案件具体应用法律若干问题的解释》第 16 条规定，在预防、控制突发传染病疫情等灾害期间，从事传染病防治的政府卫生行政部门的工作人员，或者在受政府卫生行政部门委托代表政府卫生行政部门行使职权的组织中从事公务的人员，或者虽未列入政府卫生行政部门人员编制但在政府卫生行政部门从事公务的人员，在代表政府卫生行政部门行使职权时，严重不负责任，导致传染病传播或者流行，情节严重的，依照刑法第409条的规定，以传染病防治失职罪定罪处罚。

刑法第409条规定的“情节严重”具体是指：（1）对发生突发传染病疫情等灾害的地区或者突发传染病病人、病原携带者、疑似突发传染病病人，未按照预防、控制突发传染病疫情等灾害工作规范的要求做好防疫、检疫、隔离、防护、救治等工作，或者采取的预防、控制措施不当，造成传染范围扩大或者疫情、灾情加重的；（2）隐瞒、缓报、谎报或者授意、指使、强令他人隐瞒、缓报、谎报疫情、灾情，造成传染范围扩大或者疫情、灾情加重的；（3）拒不执行突发传染病疫情等灾害应急处理指挥机构的决定、命令，造成传染范围扩大或者疫情、灾情加重的；（4）具有其他严重情节的。

对于贪污、侵占用于预防、控制突发传染病疫情等灾害的款物或者挪用归个人使用的，可能触犯刑法第382条、第383条、第271条、第384条、第272条的规定，构成贪污罪、职务侵占罪、挪用公款罪、挪用资金罪，并依法从重处罚。挪用用于预防、控制突发传染病疫情等灾害的救灾、优抚、救济等款物，构成犯罪的，对直接责任人员，依照刑法第273条的规定，以挪用特定款物罪定罪处罚。

此外，在预防、控制突发传染病疫情等灾害的工作中，负有组织、协调、指挥、灾害调查、控制、医疗救治、信息传递、交通运输、物资保障等职责的国家机关工作人员，滥用职权或者玩忽职守，致使公共财产、国家和人民利益遭受重大损失的，应依照刑法第397条的规定，以滥用职权罪或者玩忽职守罪定罪处罚。

根据《最高人民法院、最高人民检察院、公安部、司法部关于依法惩治妨害新型冠状病毒感染肺炎疫情防控违法犯罪的意见》的规定，要依法严惩疫情防控失职渎职、贪污挪用犯罪。（1）在疫情防控工作中，负有组织、协调、指挥、灾害调查、控制、医疗救治、信息传递、交通运输、物资保障等职责的国家机关工作人员，滥用职权或者玩忽职守，致使公共财产、国家和人民利益遭受重大损失的，依照刑法第397条的规定，以滥用职权罪或者玩忽职守罪定罪处罚。（2）卫生行政部门的工作人员严重不负责任，不履行或者不认真履行防治监管职责，导致新型冠状病毒感染肺炎传播或者流行，情节严重的，依照刑法第409条的规定，以传染病防治失职罪定罪处罚。（3）从事实验、保藏、携带、运输传染病菌种、毒种的人员，违反国务院卫生行政部门的有关规定，造成新型冠状病毒毒种扩散，后果严重的，依照刑法第331条的规定，以传染病菌种、毒种扩散罪定罪处罚。（4）国家工作人员，受委托管理国有财产的人员，公司、企业或者其他单位的人员，利用职务便利，侵吞、截留或者以其他手段非法占有用于防控新型冠状病毒感染肺炎的款物，或者挪用上述款物归个人使用，符合刑法第382条、第383条、第271条、第384条、第272条规定的，以贪污罪、职务侵占罪、挪用公款罪、挪用资金罪定罪处罚。（5）挪用用于防控新型冠状病毒感染肺炎的救灾、优抚、救济等款物，符合刑法第273条规定的，对直接责任人员，以挪用特定款物罪定罪处罚。

30. 疫情防控期间，国家机关工作人员的哪些不法行为构成渎职类的犯罪？

根据我国刑法规定，对于渎职类的犯罪而言，其犯罪主体应仅限于“国家机关工作人员”。但根据全国人大常委会关于渎职犯罪主体的立法解释，以及最高司法机关有关的司法解释，“国家机关工作人员”须作实质上的解释，即在认定是否“国家机关工作人员”时，不以行为人的表面身份（形式）为判断标准，而应以行为人实际是否在“代表国家机关行使职权”，作为实质上的认定标准。因此，在疫情防控期间，无论是传统意义上的国家机关部门的工作人员，还是事业、团体、企业单位工作人员甚至是无业人员，只要是受委派并代表国家机关行使职权从事疫情防控工作的，都可能被认定为“国家机关工作人员”而成为渎职类犯罪的适格主体。

根据《最高人民法院、最高人民检察院关于办理渎职刑事案件适用法律若干问题的解释（一）》第1条的规定，国家机关工作人员滥用职权或者玩忽职守，具有下列情形之一的，应当认定为刑法第397条规定的“致使公共财产、国家和人民利益遭受重大损失的”：（1）造成死亡1人以上，或者重伤3人以上，或者轻伤9人以上，或者重伤2人、轻伤3人以上，或者重伤1人、轻伤6人以上的；（2）造成经济损失30万元以上的；（3）造成恶劣社会影响的；（4）其他致使公共财产、国家和人民利益遭受重大损失的情形。因此，若行为人在疫情期间玩忽职守或滥用职权从而“致使公共财产、国家和人民利益遭受重大损失”，特别是在举国关注的时刻“造成恶劣社会影响的”情形，则完全有可能因渎职而被追究刑事责任。

在我国刑法中，除了常见的玩忽职守和滥用职权等渎职罪之外，刑法第409条还专门规定了“传染病防治失职罪”这一特别的渎职罪名，即从事传染病防治的政府卫生健康行政部门的工作人员严重不负责任，导致传染病传播或者流行，情节严重的，处3年以下有期徒刑或者拘役。

另外，应当明确，疫情期间，国内外大量的捐赠物资，有些属于一次性使用的消耗品（如口罩、防护服等），还有些属于可以重复使用的如医疗器械等。而对于那些当前现实中特别紧缺的一次性消耗用品来说，因为不存在使用后再归还并重复使用的可能性，所以，凡以“借用”为名的非法处分一次性消耗用品的行为，实际上应考虑以贪污罪追究其刑事责任。

31. 在司法实践中，如何准确适用妨害传染病防治罪？

2020年2月6日，最高人民法院、最高人民检察院、公安部、司法部联合制定印发了《最高人民法院、最高人民检察院、公安部、司法部关于依法惩治妨害新型冠状病毒感染肺炎疫情防控违法犯罪的意见》，指出要准确适用法律，依法严惩妨害疫情防控的各类违法犯罪。根据该意见规定，实践中，对于行为人实施的拒绝执行卫生防疫机构依照传染病防治法提出的防控措施，引起新冠病毒传播或者有传播严重危险的行为，应当按照妨害传染病防治罪定罪处罚。

根据刑法第330条规定，“妨害传染病防治罪”是指单位或者个人违反传染病防治法的规定，有下列情形之一，引起甲类传染病传播或者有传播严重危险的行为：（1）供水单位供应的饮用水不符合国家规定的卫生标准的；（2）拒绝按照卫生防疫机构提出的卫生要求，对传染病病原体污染的污水、污物、粪便进行消毒处理的；（3）准许或者纵容传染病病人、病原携带者和疑似传染病病人从事国务院卫生行政部门规定禁止从事的易使该传染病扩散的工作的；（4）拒绝执行卫生防疫机构依照传染病防治法提出的预防、控制措施的。个人犯妨害传染病防治罪的，处3年以下有期徒刑或者拘役；后果特别严重的，处3年以上7年以下有期徒刑；单位犯该罪的，对单位判处罚金，并对其直接负责的主管人员和其他直接责任人员，依照前述规定处罚。

在司法实践中，执法司法机关在办理妨害传染病防治案件时，还应当注意把握以下问题。

（1）注意采取非刑罚处理方式，避免打击面过大。《中华人民共和国传染病防治法》、《中华人民共和国突发事件应对法》和《突发公共卫生事件应急条例》等法律法规详细规定了发生突发疫情时，有关单位和个人应当遵守的防控措施，但这并不意味着只要违反这些防控措施的就应当追究刑事责任。对于情节显著轻微的，或者危害不大不需要判处刑罚的，可以由卫生健康行政部门或者公安机关责令纠正，给予警告、罚款、拘留等行政处罚。

（2）注意采取适当的强制措施，避免疫情扩散。特别是对于已经确诊的新冠肺炎病人、病原携带者和新冠肺炎疑似病人以及他们的密切接触者，依法需要隔离治疗或者隔离观察，如果羁押在看守所，由于缺乏必要医疗设备无法给予患者救治，也极易发生所内疫情传播。因此，对可捕可不捕应当不予逮捕，尽量减少羁押。

（3）注意依法从快从重打击，及时形成有效震慑。在程序上，要依法加快办案节奏；在实体上，较同类犯罪行为要依法从重处罚，及时警示、教育、引导社会各界严格遵守新冠肺炎疫情的防控措施，避免触犯刑法和其他法律法规，在全社会形成依法防控疫情的合力。

32. 在疫情防控中，应该谨防哪些常见的犯罪？

在全民抗击疫情过程中，政府机关工作人员以及广大公民必须学法、懂法、信法、守法，司法机关必须依法严惩妨害预防、控制突发传染病疫情等各类犯罪，切实保障疫情防控工作顺利进行，切实维护人民群众生命安全和身体健康。

为此，应该谨防以下几种常见的刑事犯罪：

（1）妨害传染病防治罪

作为已经感染或疑似“新型冠状病毒”的病人，应该无条件地执行卫生防疫机构依照传染病防治法提出的预防、控制措施，配合隔离治疗，若拒绝配合的，涉嫌“妨害传染病防治罪”。刑法第 330 条第 1 款规定：“违反传染病防治法的规定，有下列情形之一，引起甲类传染病传播或者有传播严重危险的，处三年以下有期徒刑或者拘役；后果特别严重的，处三年以上七年以下有期徒刑：……（四）拒绝执行卫生防疫机构依照传染病防治法提出的预防、控制措施的。”

（2）危害公共安全罪

若明知自己已被感染“新型冠状病毒”或疑似病人，在公共场所故意向不特定的人打喷嚏并故意传播病毒或者通过其他方式故意投放病毒的，致使多人被感染“新型冠状病毒”的，涉嫌构成以危险方法危害公共安全罪。刑法第 115 条规定，放火、决水、爆炸以及投放毒害性、放射性、传染病病原体等物质或者以其他危险方法致人重伤、死亡或者使公私财产遭受重大损失的，处 10 年以上有期徒刑、无期徒刑或者死刑。

（3）妨碍公务罪

已感染“新型冠状病毒”病人以及密切接触者应当无条件地配合有关组织采取的隔离治疗措施，若在隔离治疗过程中，以暴力、威胁方法抗拒隔离的，涉嫌“妨害公务罪”。刑法第 277 条规定，以暴力、威胁方法阻碍国家机关工作人员依法执行职务的，处 3 年以下有期徒刑、拘役、管制或罚金。

（4）故意伤害罪

已感染“新型冠状病毒”病人以及密切接触者应当无条件地配合有关组织采取的隔离治疗措施，若在隔离治疗过程中，以暴力抗拒隔离的，而致使相关公务人员的身体受到伤害的，涉嫌“故意伤害罪”。刑法第 234 条规定，故意伤害他人身体的，处 3 年以下有期徒刑、拘役或者管制。犯前款罪，致人重伤的，处 3 年以上 10 年以下有期徒刑；致人死亡或者以特别残忍手段致人重伤造成严重残疾的，处 10 年以上有期徒刑、无期徒刑或者死刑。本法另有规定的，依照规定。

（5）传染病防治失职罪

“新型冠状病毒”传播或者流行，不仅严重危害人民的身体健康，而且还严重影响传染病流行区人民的正常生产和生活。从事传染病防治的政府卫生行政部门工作人员，若严重不负责任，而导致发生传染病传播或者流行，涉嫌传染病防治失职罪。刑法第409条规定，从事传染病防治的政府卫生行政部门的工作人员严重不负责任，导致传染病传播或者流行，情节严重的，处3年以下有期徒刑或者拘役。

（6）渎职犯罪

在防治“新型冠状病毒”工作中，政府相关部门的责任人员负有领导、组织和实施的重任，若有严重不负责任，不采取或不正确采取预防、控制措施的；或者采用隐瞒、谎报或者授意他人隐瞒、谎报疫情等渎职行为，造成“新型冠状病毒”传播或流行，致使公共财产、国家和人民利益遭受重大损失的，涉嫌构成渎职犯罪。刑法第397条规定，国家机关工作人员滥用职权或者玩忽职守，致使公共财产、国家和人民利益遭受重大损失的，处3年以下有期徒刑或者拘役；情节特别严重的，处3年以上7年以下有期徒刑。本法另有规定的，依照规定。

（7）编造、故意传播虚假的恐怖信息罪

编造传播“新型冠状病毒”的虚假信息、扰乱社会秩序的行为，涉嫌构成编造、故意传播虚假信息罪。根据刑法第291条之一规定，编造虚假的险情、疫情、灾情、警情，在信息网络或者其他媒体上传播，或者明知是上述虚假信息，故意在信息网络或者其他媒体上传播，严重扰乱社会秩序的，处3年以下有期徒刑、拘役或者管制；造成严重后果的，处3年以上7年以下有期徒刑。

/第三章/

社会治安治理与应急管理

1. 对于突发公共卫生事件，应该如何做好有效预防与应急准备？

国务院颁布的《突发公共卫生事件应急条例》规定，突发公共卫生事件，是指突然发生，造成或者可能造成社会公众健康严重损害的重大传染病疫情、群体性不明原因疾病、重大食物和职业中毒以及其他严重影响公众健康的事件。

为了做好有效预防与应急准备，国家建立健全了突发事件应急预案体系，以下为其主要内容。

其一，各级政府和政府有关部门应当根据相关法律法规和地区实际情况，制定、适时修订应急预案。人民政府应当对本行政区域内容易引发自然灾害、事故灾难和公共卫生事件的危险源、危险区域进行调查、登记、风险评估，定期进行检查、监控，并责令有关单位采取安全防范措施；基层组织包括街道办、居委会、村委会等应当及时调解处理可能引发社会安全事件的矛盾纠纷；所有单位应当建立健全安全管理制度，定期检查本单位各项安全防范措施的落实情况，及时消除事故隐患。

其二，县级以上人民政府应当建立健全突发事件应急管理培训制度，对人民政府及其有关部门负有处置突发事件职责的工作人员定期进行培训，整合应急资源，建立或者确定综合性应急救援队伍；县级人民政府及其有关部门、基层组织等应当开展应急知识的宣传普及活动和必要的应急演练；新闻媒体应当无偿开展突发事件预防与应急、自救与互救知识的公益宣传；各级各类学校应当把应急知识教育纳入教学内容，对学生进行应急知识教育，培养学生的安全自救与互救能力。

其三，国务院和县级以上地方各级人民政府应当采取财政措施，保障突发事件应对工作所需经费。（1）建立健全应急物资储备保障制度，完善重要应急物资的监管、生产、储备、调拨和紧急配送体系；（2）建立健全应急通信保障体系，完善公用通信网，建立有线与无线相结合、基础电信网络与机动通信系统相配套的应急通信系统，确保突发事件应对工作的通信畅通；（3）国家鼓励公民、法人和其他组织为人民政府应对突发事件工作提供物资、资金、技术支持和捐赠；（4）鼓励、扶持具备相应条件的教学科研机构培养应急管理专门人才，鼓励、扶持教学科研机构和有关企业，研究开发用于突发事件预防、监测、预警、应急处置与救援的新技术、新设备和新工具。

2. 突发疫情发生后，政府应该如何有效处置危险，最大限度地减少损害？

突发疫情的危险发生后，政府首要任务就是进行有效处置，最大限度地减少损害，防止事态扩大和次生、衍生事件的发生。为有效地处置突发疫情事件，法律赋予执行紧急措施的行政机关集中而强大的权力（如成立应急指挥部）；相应而言，公民和社会组织的权利受到限制。

这些行政应急应对措施具体包括如下：

其一，救助性行政应急措施。该措施在实现方式上，有直接提供，如医疗救助；也有间接提供，如组织志愿者和鼓励自救。

比如，传染病防治法第 52 条规定：“医疗机构应当对传染病病人或者疑似传染病病人提供医疗救护、现场救援和接诊治疗，书写病历记录以及其他有关资料，并妥善保管。医疗机构应当实行传染病预检、分诊制度；对传染病病人、疑似传染病病人，应当引导至相对隔离的分诊点进行初诊。医疗机构不具备相应救治能力的，应当将患者及其病历记录复印件一并转至具备相应救治能力的医疗机构。具体办法由国务院卫生行政部门规定。”《突发公共卫生事件应急条例》第 39 条第 1 款规定：“医疗卫生机构应当对因突发事件致病的人员提供医疗救护和现场救援，对就诊病人必须接诊治疗，并书写详细、完整的病历记录；对需要转送的病人，应当按照规定将病人及其病历记录的复印件转送至接诊的或者指定的医疗机构。”

其二，限制性行政应急措施。该措施在一定程度上对公民人身自由、财产权利和政治自由等权利形成限制，因此，采取这些措施时，要兼顾法治原则和应急效率原则。有多种可选择方案时，应选择最有利于最大程度地保护公民和社会组织权益的措施。

传染病防治法第 39 条规定：“医疗机构发现甲类传染病时，应当及时采取下列措施：（一）对病人、病原携带者，予以隔离治疗，隔离期限根据医学检查结果确定；（二）对疑似病人，确诊前在指定场所单独隔离治疗；（三）对医疗机构内的病人、病原携带者、疑似病人的密切接触者，在指定场所进行医学观察和采取其他必要的预防措施。拒绝隔离治疗或者隔离期未满擅自脱离隔离治疗的，可以由公安机关协助医疗机构采取强制隔离治疗措施。医疗机构发现乙类或者丙类传染病病人，应当根据病情采取必要的治疗和控制传播措施。医疗机构对本单位内被传染病病原体污染的场所、物品以及医疗废物，必须依照法律、法规的规定实施消毒和无害化处置。”第 42 条规定：“传染病暴发、流行时，县级以上地方人民政府应当立即组织力量，按照预防、控制预案进行防治，切断传染病的传播途径，必要时，报经上一级人民政府决定，可以采取下列紧急措施并予以公告：（一）限制或者停止集市、影剧院演出或者其他人群聚集的活动；（二）停工、停业、停课；（三）封闭或者封存被传染病病原体污染的公共饮用水源、食品以及相关物品；（四）控制或者扑杀染疫野生动物、家畜家禽；（五）封闭可能造成传染病扩散的场所。上级人民政府接到下级人民政府关于采取前款所列紧急措施的报告时，应当即时作出决定。紧急措施的解除，由原决定机关决定并宣布。”

《国家突发公共卫生事件应急预案》规定，甲类、乙类传染病暴发、流行时，县级以上地方人民政府报经上一级地方人民政府决定，可以宣布疫区范围；经省、自治区、直辖市人民政府决定，可以对本行政区域内甲类传染病疫区实施封锁；封锁大、中城市的疫区或者封锁跨省（区、市）的疫区，以及封锁疫区导致中断干线交通或者封锁国境的，由国务院决定。对重大食物中毒和职业中毒事故，根据污染食品扩散和职业危害因素波及的范围，划定控制区域。

其三，保护性行政应急措施。该类应急措施包括：消除危险源、划定危害区域、维护社会治安。比如，传染病防治法第 43 条规定：“甲类、乙类传染病暴发、流行时，县级以上地方人民政府报经上一级人民政府决定，可以宣布本行政区域部分或者全部为疫区；国务院可以决定并宣布跨省、自治区、直辖市的疫区。县级以上地方人民政府可以在疫区内采取本法第四十二条规定的紧急措施，并可以对出入疫区的人员、物资和交通工具实施卫生检疫。省、自治区、直辖市人民政府可以决定对本行政区域内的甲类传染病疫区实施封锁；但是，封锁大、中城市的疫区或者封锁跨省、自治区、直辖市的疫区，以及封锁疫区导致中断干线交通或者封锁国境的，由国务院决定。疫区封锁的解除，由原决定机关决定并宣布。”

其四，保障性行政应急措施。该类应急措施其主要目的是为克服人力、财力、物力不足。例如，为了动员社会资源，征用征收动产和不动产，征调执行应急措施所必需的专业技术人员，征召临时人员和志愿人员，要求特定主体提供生产和服务，下达强制性生产与工作命令，等等。

传染病防治法第 45 条规定：“传染病暴发、流行时，根据传染病疫情控制的需要，国务院有权在全国范围或者跨省、自治区、直辖市范围内，县级以上地方人民政府有权在本行政区域内紧急调集人员或者调用储备物资，临时征用房屋、交通工具以及相关设施、设备。紧急调集人员的，应当按照规定给予合理报酬。临时征用房屋、交通工具以及相关设施、设备的，应当依法给予补偿；能返还的，应当及时返还。”

《突发公共卫生事件应急条例》第 32 条、第 33 条规定，突发事件发生后，国务院有关部门和县级以上地方人民政府及其有关部门，应当保证突发事件应急处理所需的医疗救护设备、救治药品、医疗器械等物资的生产、供应；铁路、交通、民用航空行政主管部门应当保证及时运送。根据突发事件应急处理的需要，突发事件应急处理指挥部有权紧急调集人员、储备的物资、交通工具以及相关设施、设备。

3. 传染病暴发、流行时，各级政府可以采取哪些人员、物资的征调措施?

传染病暴发、流行时，根据传染病疫情控制的需要，国务院有权在全国范围或者跨省、自治区、直辖市范围内，县级以上地方人民政府有权在本行政区域内紧急调集人员或者调用储备物资，临时征用房屋、交通工具以及相关设施、设备。紧急调集人员的，应当按照规定给予合理报酬。

履行统一领导职责或者组织处置突发事件的人民政府，必要时可以向单位和个人征用应急救援所需设备、设施、场地、交通工具和其他物资，请求其他地方人民政府提供人力、物力、财力或者技术支援，要求生产、供应生活必需品和应急救援物资的企业组织生产、保证供给，要求提供医疗、交通等公共服务的组织提供相应的服务。履行统一领导职责或者组织处置突发事件的人民政府，应当组织协调运输经营单位，优先运送处置突发事件所需物资、设备、工具、应急救援人员及受到突发事件危害的人员。

传染病暴发、流行时，疫区波及范围较大，仅仅依靠局部地区的防治力量已不能适应控制疫情的需要，应当动员更多的医疗、疾病预防控制人员深入疫区现场参加控制工作，这就需要由政府组织有关部门进行紧急应对。特别是发生跨省、自治区、直辖市传染病暴发、流行时，更需要疫情相关地区的共同协作、协调，采取联合防治措施，才能有效地控制疫情。因此，国务院有权在全国紧急调集人员、调用储备物资，临时征用房屋、交通工具以及相关设施、设备，用于疫情控制工作。授权县级以上地方人民政府在本行政区域内紧急调集人员或者调用储备物资，临时征用房屋、交通工具以及相关设施、设备，用于控制疫情。有关单位和人员在接到国务院或者县级以上地方人民政府的调集任务时，应当从大局出发，服从分配，服从调用。

在疫情防控的紧急时期，被紧急调用参加疫情控制的人员，为了国家利益而不畏个人风险深入疫区。同时，被临时征用的房屋、交通工具以及相关设施、设备等，也是为了公共利益而牺牲了单位或者个人利益。因此，国家规定对紧急调集人员的，应当按照规定给予合理报酬。临时征用房屋、交通工具以及相关设施、设备的，应当依法给予补偿；能返还的，应当及时返还。

4. 在疫情防控期间，如何统筹实施重点物资的统一管理，统一调拨？

2020 年 1 月 29 日，国务院办公厅印发了《关于组织做好疫情防控重点物资生产企业的复工复产和调度安排工作的紧急通知》，要求地方政府切实履行主体责任，迅速组织本地区医用防护服等重点医疗防控物资的生产企业加快复工复产，明确对重点医疗防护物资实施统一的管理、统一的调拨。

为统筹做好疫情防控重点物资的保障工作，建立上下联动、齐抓共管的工作机制，该通知具体规定如下。

其一，各省（区、市）人民政府要切实履行主体责任，迅速组织本地区生产应对疫情使用的医用防护服、N95 口罩、医用护目镜、负压救护车、相关药品等企业复工复产。要做好生产人员、技术人员和相关设备、原辅料、资金等各方面保障工作，帮助企业及时解决生产经营中遇到的困难和问题，并根据需要及时扩大相关产品产能。

其二，国务院应对新型冠状病毒感染的肺炎疫情联防联控机制物资保障组，负责对上述重点医疗应急防控物资实施统一管理、统一调拨，地方各级人民政府不得以任何名义截留、调用。物资保障组将向重点企业选派驻企特派员，负责监督物资的统一调拨，帮助企业及时反映困难和问题，配合有关部门抓好产品质量监管。

其三，生产重点医疗应急防控物资的有关企业，要按照国务院应对新型冠状病毒感染的肺炎疫情联防联控机制物资保障组要求，抓紧组织原材料采购和产品生产，及时完成生产任务，并加强产品质量管理，确保物资符合相关安全标准。有关企业要根据物资保障组要求，及时上报产能产量、产品库存等数据。

其四，为确保做好重点医疗应急防控物资的及时生产、调拨、运输和配用等方面协调工作，建立有关工作衔接机制，确保 24 小时联络畅通。各省级人民政府要确定一名厅（局）级负责同志牵头对接联系物资调拨工作。

5. 如何保障疫情防控所需器械、药品等物资的生产和供应？

预防控制传染病是全社会的共同责任，经营防治传染病的药品和医疗器械单位，以及铁路、交通、民用航空经营单位，供应和运送传染病防治所必需的人员和物资是其应尽的责任。传染病防治法第 49 条规定，传染病暴发、流行时，药品和医疗器械生产、供应单位应当及时生产、供应防治传染病的药品和医疗器械。铁路、交通、民用航空经营单位必须优先运送处理传染病疫情的人员以及防治传染病的药品和医疗器械。县级以上人民政府有关部门应当做好组织协调工作。第 72 条规定，铁路、交通、民用航空经营单位未依照本法的规定优先运送处理传染病疫情的人员以及防治传染病的药品和医疗器械的，由有关部门责令限期改正，给予警告；造成严重后果的，对负有责任的主管人员和其他直接责任人员，依法给予降级、撤职、开除的处分。

铁路法第 15 条第 2 款规定："对抢险救灾物资和国家规定需要优先运输的其他物资，应予优先运输。"《国内水路运输管理条例》第 23 条规定："水路运输经营者应当依照法律、行政法规和国家有关规定，优先运送处置突发事件所需的物资、设备、工具、应急救援人员和受到突发事件危害的人员，重点保障紧急、重要的军事运输。出现关系国计民生的紧急运输需求时，国务院交通运输主管部门按照国务院的部署，可以要求水路运输经营者优先运输需要紧急运输的物资。水路运输经营者应当按照要求及时运输。"

为了尽快扑灭疫情、减少传染病对人类社会的危害、保证社会稳定，处理疫情的人员以及防治传染病的药品和器械必须以最快的速度到达和运送到现场。处理疫情的人员可以凭卫生行政部门开具的处理疫情的证明和有效身份证件，优先在铁路、交通、民用航空经营单位购票，铁路、交通、民用航空经营单位应保证售给最近一次通往目的地的车、船、飞机票。同时，对标有疫情处理的物品，铁路、交通、民用航空经营单位应当保证用最快通往目的地的交通工具运往目的地，任何单位和个人都不得阻拦依法执行处理疫情任务的车辆和人员。用于传染病防治的药品和医疗器械是预防控制传染病的重要武器。能否及时生产、供应，直接关系到传染病患者的抢救治疗，消除因病原体的排放对外界环境的污染。因此，专业人员及时到达现场进行专业技术应对，也是防治传染病的一个非常重要的保障因素。

6. 在紧急状态下，对于拒不执行政府实施的紧急措施应该如何给予处罚？其构成要件是什么？

所谓“紧急状态”，是指危及国家和社会正常的法律秩序、对广大人民群众的生命和财产安全构成严重威胁的、正在发生的或者迫在眉睫的危险事态。根据治安管理处罚法第 50 条规定，在紧急状态下，对于阻碍行为，处警告或者 200 元以下罚款；情节严重的，处 5 日以上 10 日以下拘留，可以并处 500 元以下罚款；阻碍人民警察依法执行职务的，从重处罚。这些阻碍行为具体包括：拒不执行人民政府在紧急状态情况下依法发布的决定、命令；阻碍国家机关工作人员依法执行职务；阻碍执行紧急任务的消防车、救护车、工程抢险车、警车等车辆通行；强行冲闯公安机关设置的警戒带、警戒区。

以下是拒不执行政府实施的紧急措施行为的具体构成要件。

（1）拒不执行人民政府在紧急状态情况下依法发布的决定、命令。其行为必须具备以下两个条件：一是采取了拒不执行的行为方式。这里所说的“拒不执行”，是指在紧急状态下明知人民政府依法发布的决定、命令的内容，而执意不履行其法定义务的行为。“拒不执行”一般主要表现为经劝说、警告或者处罚后仍不履行法定义务的行为。二是拒不执行的是人民政府在紧急状态情况下依法发布的决定、命令。如果决定、命令只在一般情况下发布，则不属于应当处罚的行为。

（2）阻碍国家机关工作人员依法执行职务。该行为在客观上必须具备以下三个要件：一是实施了阻碍行为。所谓“阻碍”，是指行为人以各种方法和手段实施的阻挠、妨碍行为。二是阻碍的行为对象必须是国家机关工作人员。“国家机关工作人员”，是指中央及地方各级权力机关、党政机关、司法机关、军事机关，以及在依照法律法规规定，行使国家行政管理职权的组织中从事公务的人员，或者在受国家机关委托代表国家机关行使职权的组织中从事公务的人员，或者虽未列入国家机关人员编制但在国家机关中从事公务的人员。三是必须为依法执行职务的行为。“依法执行职务”，是指国家机关工作人员依照规定所履行的职务行为。

（3）阻碍执行紧急任务的消防车、救护车、工程抢险车、警车等车辆通行。本行为必须符合以下三个要件：第一，实施了阻碍车辆通行的行为。“阻碍”，是指行为人以各种方法和手段，实施的阻挠、妨碍车辆通行的行为。第二，阻碍车辆通行的对象是消防车、救护车、工程抢险车、警车等车辆。这些车辆都是具有担负特殊使命的特种车辆，其所担负的任务，都是直接涉及公民、集体和国家的财产和生命安全。第三，执行紧急任务的车辆。该特种车辆必须严格按照规定的用途和条件使用。

（4）强行冲闯公安机关设置的警戒带、警戒区。该行为必须符合以下两个条件：第一，实施了强行冲闯行为。行为人明知道路上设置了警戒带、警戒区，不准非执行任务的车辆通行，却不听劝阻，强行通过。第二，冲闯的对象是由公安机关设置的警戒带、警戒区。根据国家有关法律、法规的规定，为保障公共安全，处置突发事件，维护社会秩序，维持社会稳定，公安机关可以在一些特定的场所、地区设置警戒带，划设警戒区。

7. 在疫情防控中，可否随意对外披露传染病人、病原携带者、疑似病人以及密切接触者的个人信息？

在疫情防控中，人民政府、卫生健康行政部门、疾病预防控制机构、医疗机构为了控制疫情，保障公共卫生安全，无须征得个人信息主体的授权同意，即可进行数据收集。但是，需要注意的是，掌握该部分已经采集的信息的单位和个人，应当严格保密该公民的个人信息，不可随意对外披露。故意泄露传染病人、病原携带者、疑似病人以及密切接触者的个人信息导致严重后果的，则须承担相应的行政责任或刑事责任。

所谓“公民的个人信息”，是指以电子或者其他方式记录的能够单独或者与其他信息结合，识别特定自然人身份或者反映特定自然人活动情况的各种信息。由此可知，传染病患者的姓名、身份证件号码、通信联系方式等都是“公民的个人信息”，属于民法总则、传染病防治法以及刑法保护的合法权益，具体保护的法益是公民的人格尊严。

比如，民法总则第 111 条规定，自然人的个人信息受法律保护。任何组织和个人需要获取他人个人信息的，应当依法取得并确保信息安全，不得非法收集、使用、加工、传输他人个人信息，不得非法买卖、提供或者公开他人个人信息。又如，根据传染病防治法第 68 条第 5 项的规定，故意泄露传染病病人、病原携带者、疑似传染病病人、密切接触者涉及个人隐私的有关信息、资料的，对负有责任的主管人员和其他直接责任人员，依法给予降级、撤职、开除的处分，并可以依法吊销有关责任人员的执业证书；构成犯罪的，依法追究刑事责任。再如，刑法修正案（九）的“侵犯公民个人信息罪”应追究的法律责任规定如下：违反国家有关规定，向他人出售或者提供公民个人信息，情节严重的，处 3 年以下有期徒刑或者拘役，并处或者单处罚金；情节特别严重的，处 3 年以上 7 年以下有期徒刑，并处罚金。

传染病人、病原携带者、疑似病人以及密切接触者的个人信息不仅容易导致歧视性待遇，而且也可能影响公共健康、安全及稳定的重要数据。首先，该类公民个人信息属于“敏感信息”。因为一旦随意泄露、非法提供或滥用，可能危害患者的人身和财产安全，极易导致个人名誉、身心健康受到损害。具体而言，敏感数据包括“身份证件号码、个人生物识别信息、银行账号、通信记录和内容、财产信息、征信信息、行踪轨迹、住宿信息、健康生理信息、交易信息、14 岁以下（含）儿童的个人信息等”。其次，该类公民个人信息还属于“重要数据”。因为这些重要数据一且随意泄露可能直接影响国家安全、经济安全、社会稳定、公共健康和安全。

8. 对妨害疫情防治，散布谣言，编造、故意传播虚假疫情信息的人，要追究什么法律责任？

在防控疫情中，散布谣言，谎报险情、疫情、警情或者以其他方法故意扰乱公共秩序的行为，应承担法律责任。所谓“散布谣言”，是指捏造并散布没有事实根据的谎言用以迷惑不明真相的群众，扰乱社会公共秩序的行为。“谎报险情、疫情、警情”，是指编造火灾、水灾、地质灾害以及其他危险情况和传染病传播的情况，编造有违法犯罪行为发生或者明知是虚假的险情、疫情、警情，向有关部门报告的行为。

在疫情防控中，故意编造并传播有关突发事件事态发展、应急处置工作的虚假信息，或者明知是突发事件及应急处置的虚假信息而进行传播的，应责令改正，给予警告；造成严重后果的，依法暂停其业务活动或者吊销其执业许可证；负有直接责任的人员是国家工作人员的，还应当依法对其给予处分；构成违反治安管理行为的，由公安机关依法给予处罚。情节严重构成犯罪的应依法追究刑事责任。

治安管理处罚法第 25 条规定：“有下列行为之一的，处五日以上十日以下拘留，可以并处五百元以下罚款；情节较轻的，处五日以下拘留或者五百元以下罚款：（一）散布谣言，谎报险情、疫情、警情或者以其他方法故意扰乱公共秩序的；……”

刑法第 291 条之一第 2 款规定：“编造虚假的险情、疫情、灾情、警情，在信息网络或者其他媒体上传播，或者明知是上述虚假信息，故意在信息网络或者其他媒体上传播，严重扰乱社会秩序的，处三年以下有期徒刑、拘役或者管制；造成严重后果的，处三年以上七年以下有期徒刑。”

根据《最高人民法院、最高人民检察院关于办理妨害预防、控制突发传染病疫情等灾害的刑事案件具体应用法律若干问题的解释》第10条规定，编造与突发传染病疫情等灾害有关的恐怖信息，或者明知是编造的此类恐怖信息而故意传播，严重扰乱社会秩序的，依照刑法第291条之一的规定，以编造、故意传播虚假恐怖信息罪定罪处罚。利用突发传染病疫情等灾害，制造、传播谣言，煽动分裂国家、破坏国家统一，或者煽动颠覆国家政权、推翻社会主义制度的，依照刑法第103条第2款、第105条第2款的规定，以煽动分裂国家罪或者煽动颠覆国家政权罪定罪处罚。

《最高人民法院、最高人民检察院、公安部、司法部关于依法惩治妨害新型冠状病毒感染肺炎疫情防控违法犯罪的意见》规定，依法严惩造谣传谣犯罪。具体包括：（1）编造虚假的疫情信息，在信息网络或者其他媒体上传播，或者明知是虚假疫情信息，故意在信息网络或者其他媒体上传播，严重扰乱社会秩序的，依照刑法第291条之一第2款的规定，以编造、故意传播虚假信息罪定罪处罚。（2）编造虚假信息，或者明知是编造的虚假信息，在信息网络上散布，或者组织、指使人员在信息网络上散布，起哄闹事，造成公共秩序严重混乱的，依照刑法第293条第1款第4项的规定，以寻衅滋事罪定罪处罚。（3）利用新型冠状病毒感染肺炎疫情，制造、传播谣言，煽动分裂国家、破坏国家统一，或者煽动颠覆国家政权、推翻社会主义制度的，依照刑法第103条第2款、第105条第2款的规定，以煽动分裂国家罪或者煽动颠覆国家政权罪定罪处罚。（4）网络服务提供者不履行法律、行政法规规定的信息网络安全管理义务，经监管部门责令采取改正措施而拒不改正，致使虚假疫情信息或者其他违法信息大量传播的，依照刑法第286条之一的规定，以拒不履行信息网络安全管理义务罪定罪处罚。（5）对虚假疫情信息案件，要依法、精准、恰当处置。对恶意编造虚假疫情信息，制造社会恐慌，挑动社会情绪，扰乱公共秩序，特别是恶意攻击党和政府，借机煽动颠覆国家政权、推翻社会主义制度的，要依法严惩。对于因轻信而传播虚假信息，危害不大的，不以犯罪论处。

9. 公民故意传播新型冠状病毒肺炎病原体，危害公共安全的，应如何处理？

根据《最高人民法院、最高人民检察院关于办理妨害预防、控制突发传染病疫情等灾害的刑事案件具体应用法律若干问题的解释》第 1 条规定，故意传播突发传染病病原体，危害公共安全的，依照刑法第 114 条、第 115 条第 1 款的规定，按照以危险方法危害公共安全罪定罪处罚。如确诊患者或疑似患者不隔离治疗，故意在公共场所与他人密切接触传播病原体的行为。

根据《最高人民法院、最高人民检察院、公安部、司法部关于依法惩治妨害新型冠状病毒感染肺炎疫情防控违法犯罪的意见》的规定，故意传播新型冠状病毒感染肺炎病原体危害公共安全，构成以危险方法危害公共安全罪的，其具体情形包括：（1）已经确诊的新型冠状病毒感染肺炎病人、病原携带者，拒绝隔离治疗或者隔离期未满擅自脱离隔离治疗，并进入公共场所或者公共交通工具的；（2）新型冠状病毒感染肺炎疑似病人拒绝隔离治疗或者隔离期未满擅自脱离隔离治疗，并进入公共场所或者公共交通工具，造成新型冠状病毒传播的。

危害公共安全罪是一个概括性的法定罪名，侵犯的对象都是社会公共安全，包括公民的人身安全，公共设施安全，等等。关于危害公共安全罪的具体罪名种类主要包括：以危险方法危害公共安全的犯罪；破坏特定设施、设备的犯罪；实施暴力、恐怖活动的犯罪；以枪支、弹药、爆炸物、危险物质为对象的犯罪；过失造成重大责任事故的犯罪。公民故意传播新型冠状病毒肺炎病原体危害公共安全的，就属于以危险方法危害公共安全的犯罪。以危险方法危害公共安全的犯罪，既然属于危害公共安全罪，在认定这种犯罪时，就必须严格掌握构成危害公共安全罪的特定要件，不能盲目扩大解释，也不能任意缩小其范围，混淆罪与非罪、此罪与彼罪的界限，导致定罪不准，量刑不当。

关于以危险方法危害公共安全的犯罪的刑事处罚，依照刑法第114条、第115条第1款的规定，以危险方法危害公共安全，尚未造成严重后果的，处3年以上10年以下有期徒刑；犯本罪致人重伤、死亡或者使公私财产遭受重大损失的，处10年以上有期徒刑、无期徒刑或者死刑。

10. 不顾疫情防控大局，以个人或群体利益为由，在公共场所扰乱公共秩序的，应承担什么法律责任？

根据治安管理处罚法第23条的规定，在疫情防控中扰乱下列公共秩序的，处警告或者200元以下罚款；情节较重的，处5日以上10日以下拘留，可以并处500元以下罚款。具体包括如下：

其一，扰乱机关、团体、企业、事业单位秩序，致使工作、生产、营业、医疗、教学、科研不能正常进行，尚未造成严重损失的；

其二，扰乱车站、港口、码头、机场、商场、公园、展览馆或者其他公共场所秩序的；

其三，扰乱公共汽车、电车、火车、船舶、航空器或者其他公共交通工具上的秩序的；

其四，非法拦截或者强登、扒乘机动车、船舶、航空器以及其他交通工具，影响交通工具正常行驶的；

其五，破坏依法进行的选举秩序的。

聚众实施上述行为的，对首要分子处10日以上15日以下拘留，可以并处1000元以下罚款。

实践中，正确认定和处理扰乱公共场所秩序行为，还应注意区分与聚众扰乱公共场所秩序罪的区别。聚众扰乱公共场所秩序罪，是指聚众扰乱车站、港口、码头、机场、商场、公园、展览馆或者其他公共场所秩序，情节严重的行为。二者的区别在于：

（1）在客观方面的危害程度不同。构成聚众扰乱公共场所秩序罪的客观方面是必须达到情节严重的程度。“情节严重”，包括扰乱公共场所秩序致人重伤、死亡或者公私财产重大损失的；殴打维持秩序的国家工作人员的；不听制止，坚持扰乱，情节恶劣的；多次聚众扰乱公共场所秩序等。如果聚众扰乱公共场所秩序，情节一般，尚未达到“严重”程度，则不构成扰乱公共场所秩序罪，属于扰乱公共场所秩序行为。

（2）两者的行为主体不同。聚众扰乱公共场所秩序罪的主体，是扰乱公共场所秩序行为的组织、策划、指挥的首要分子；扰乱公共场所秩序行为的主体，一般是个人或者共同扰乱行为的共同行为人，或者是聚众扰乱公共场所秩序罪中除首要分子以外的其他参加者。

11. 疫情防控中在公共场所起哄闹事，造成公共场所秩序严重混乱的，应该如何定罪？

在预防、控制突发传染病疫情等灾害期间，在公共场所起哄闹事，造成公共场所秩序严重混乱的，依照刑法第 293 条的规定，以寻衅滋事罪定罪，依法从重处罚。根据《最高人民法院、最高人民检察院、公安部、司法部关于依法惩治妨害新型冠状病毒感染肺炎疫情防控违法犯罪的意见》的规定，随意殴打医务人员，情节恶劣的，依照刑法第 293 条的规定，以寻衅滋事罪定罪处罚。采取暴力或者其他方法公然侮辱、恐吓医务人员，符合刑法第 246 条、第 293 条规定的，以侮辱罪或者寻衅滋事罪定罪处罚。

根据刑法第 293 条的规定，构成寻衅滋事罪的非法行为主要包括：（1）随意殴打他人、追逐、拦截情节严重的；（2）辱骂、恐吓他人情节恶劣的、强拿硬要或者任意损毁、占用公私财物情节严重的；（3）在公共场所纠集他人多次起哄闹事，造成公共场所秩序严重混乱，严重破坏社会秩序的。

为依法惩治寻衅滋事犯罪，维护社会秩序，根据《最高人民法院、最高人民检察院关于办理寻衅滋事刑事案件适用法律若干问题的解释》的规定，行为人为寻求刺激、发泄情绪、逞强耍横等，无事生非，实施刑法第293条规定的行为的，应当认定为“寻衅滋事”。行为人因日常生活中的偶发矛盾纠纷，借故生非，实施刑法第293条规定的行为的，应当认定为“寻衅滋事”，但矛盾系由被害人故意引发或者被害人对矛盾激化负有主要责任的除外。行为人因婚恋、家庭、邻里、债务等纠纷，实施殴打、辱骂、恐吓他人或者损毁、占用他人财物等行为的，一般不认定为“寻衅滋事”，但经有关部门批评制止或者处理处罚后，继续实施前列行为，破坏社会秩序的除外。

实践中认定寻衅滋事罪时，必须注意两个问题：（1）在被害人有过错的情况下，寻衅滋事罪仍可成立。寻衅滋事罪一是滋事型，即被害人无任何法律意义上的过错，行为人无事生非滋扰他人，扰乱公共秩序；二是寻衅型，即被害人存在一定过错，但既未故意引发矛盾，又对矛盾激化不负主要责任，行为人借机闹事，且闹事程度远远超出了普通人的正常反应。（2）寻衅滋事罪与故意伤害罪、抢夺罪、故意毁坏财物罪、聚众扰乱公共场所秩序、交通秩序罪等犯罪之间，存在交叉竞合的关系。当某一具体行为同时触犯上述两种以上犯罪时，按法条竞合处理原则，适用重法条定罪科刑。例如，行为人随意殴打医务人员，造成重伤以上结果的，应按故意伤害罪，适用刑法第234条第2款、第3款定罪量刑。

12. 在公共交通工具上，发现新型冠状病毒感染者，依法应当如何快速处置？

当代社会，容易引起传染病突发事件的因素很多，城市公用事业是一个极其重要的方面。城市公用事业包括城市供水、供电、供热、城市燃气、公共交通等。对于传染病疫情而言，公共交通工具上的人员相对集中，为城市居民的生活提供着普遍公共服务，若一旦出现问题，则关联众人，影响巨大。因此，做好公共交通工具的疫情防控与快速处置至关重要。

根据《最高人民法院关于审理抢劫案件具体应用法律若干问题的解释》第 2 条的规定，公共交通工具界定为“从事旅客运输的各种公共汽车、大、中型出租车、火车、船只、飞机等正在运营中的公共交通工具”。国务院发布的《突发公共卫生事件应急条例》第 38 条规定，交通工具上发现根据国务院卫生行政主管部门的规定需要采取应急控制措施的传染病病人、疑似传染病病人，其负责人应当以最快的方式通知前方停靠点，并向交通工具的营运单位报告。交通工具的前方停靠点和营运单位应当立即向交通工具营运单位行政主管部门和县级以上地方人民政府卫生行政主管部门报告。卫生健康行政主管部门接到报告后，应当立即组织有关人员采取相应的医学处置措施。

13. 影响新型冠状病毒肺炎防控的单位和个人，导致传染病传播、流行，给他人人身、财产造成损害的，应承担什么法律责任?

在中华人民共和国领域内的一切单位和个人，必须接受疾病预防控制机构、医疗机构有关传染病的调查、检验、采集样本、隔离治疗等预防、控制措施，如实提供有关情况。任何单位和个人发现传染病病人或者疑似传染病病人时，应当及时向附近的疾病预防控制机构或者医疗机构报告。任何单位和个人违反传染病防治法规定，导致传染病传播、流行，给他人人身、财产造成损害的，应当依法承担民事责任。

人身权与财产权是民法中的两大类基本民事权利。

人身权包括人格权和身份权，其中人格权包括生命权、身体权、健康权、姓名权、名称权、名誉权、肖像权、荣誉权等；身份权包括亲权、配偶权、亲属权等。我国民法总则第 109 条规定，自然人的人身自由、人格尊严受法律保护。第 110 条规定，自然人享有生命权、身体权、健康权、姓名权、肖像权、名誉权、荣誉权、隐私权、婚姻自主权等权利。法人、非法人组织享有名称权、名誉权、荣誉权等权利。

财产权包括物权与债权。《中华人民共和国宪法》第 13 条明确规定，公民合法的私有财产不受侵犯。国家依照法律规定保护公民的私有财产权和继承权。民法总则第 114 条规定，民事主体依法享有物权。物权是权利人依法对特定的物享有直接支配和排他的权利，包括所有权、用益物权和担保物权。第 117 条规定，为了公共利益的需要，依照法律规定的权限和程序征收、征用不动产或者动产的，应当给予公平、合理的补偿。第 118 条规定，民事主体依法享有债权。债权是因合同、侵权行为、无因管理、不当得利以及法律的其他规定，权利人请求特定义务人为或者不为一定行为的权利。

14. 对妨害新型冠状病毒肺炎防控，不服从、不配合或者拒绝执行有关政府决定、命令或者措施等行为，应如何给予处罚？

在新型冠状病毒感染肺炎疫情防控中，对于妨害防控，不服从、不配合或者拒绝执行有关政府决定、命令或者措施等行为，应按照相关法律规定进行以下处罚，情节严重构成犯罪的，还应承担刑事责任。

突发事件应对法第 66 条规定：“单位或者个人违反本法规定，不服从所在地人民政府及其有关部门发布的决定、命令或者不配合其依法采取的措施，构成违反治安管理行为的，由公安机关依法给予处罚。”

治安管理处罚法第 50 条规定：“有下列行为之一的，处警告或者二百元以下罚款；情节严重的，处五日以上十日以下拘留，可以并处五百元以下罚款：（一）拒不执行人民政府在紧急状态情况下依法发布的决定、命令的；（二）阻碍国家机关工作人员依法执行职务的；……”

刑法第 277 条第 1 款规定："以暴力、威胁方法阻碍国家机关工作人员依法执行职务的，处三年以下有期徒刑、拘役、管制或者罚金。"第 3 款规定："在自然灾害和突发事件中，以暴力、威胁方法阻碍红十字会工作人员依法履行职责的，依照第一款的规定处罚。"刑法第 330 条第 1 款规定："违反传染病防治法的规定，有下列情形之一，引起甲类传染病传播或者有传播严重危险的，处三年以下有期徒刑或者拘役；后果特别严重的，处三年以上七年以下有期徒刑：……（四）拒绝执行卫生防疫机构依照传染病防治法提出的预防、控制措施的。"

15. 对于来自新型冠状病毒肺炎疫情发生地区的来京人员，在防控疫情扩散方面有哪些注意事项？

为防控新型冠状病毒肺炎疫情扩散，2020 年 1 月 27 日北京市人民政府发布《北京市人民政府关于进一步明确责任加强新型冠状病毒感染的肺炎预防控制工作的通知》，对来自新型冠状病毒感染的肺炎疫情发生地区的来京人员作出以下规定，旨在加强对重点人群的人文关怀和服务管理。

其一，对湖北地区相关到京人员的服务管理。本市居民正在湖北地区出差、探亲访友等的，应当严格遵守湖北地区当地政府就疫情防控采取的措施，不得违反规定擅自离开湖北地区。离开湖北地区或者有过湖北地区人员接触史的到京人员，在到京之日应当主动向居住地或者住宿地的社区（村）报告健康状况，于到京之日起接受 14 日的监督性医学观察，每日早晚监测体温，不得外出，负责监督性医学观察的社区（村）应当为其提供基本生活保障；出现发热、乏力、干咳等症状时立即报告，负责监督性医学观察的社区（村）应当协助其到就近的医疗卫生机构发热门诊就诊。

北京市疾病预防控制中心对全国各地疫情状况开展评估。对来自于经评估确定为重点地区的人员，按照湖北地区相关到京人员提供服务管理。

其二，对国内其他地区到京人员的服务管理。国内其他地区到京人员，应当服从航空、铁路、长途客运等运输经营者和道路进京检查站的服务管理，自觉接受并配合体温检测。对体温异常的人员，北京市立即安排其到就近的医疗卫生机构发热门诊就诊。体温正常的人员，到京 14 日内，应当每日早晚自行进行体温和健康监测，外出时应当佩戴口罩，加强个人防护；出现发热、乏力、干咳等症状时，应当立即到就近的医疗卫生机构发热门诊就诊。

来自国内其他地区职工的所在单位，应当督促其落实相关防控措施，为其配备必要的防护用品。对处于 14 日医学观察期的职工，执行弹性工作时间；实行错峰上下班；有条件的，应当安排职工居家工作，或者提供尽可能减少人员接触的工作环境。

16. 返京复工后，个人在疫情防控中有哪些法律红线不能触碰？

2020 年 2 月 7 日，北京市十五届人大常委会第十八次会议审议通过《北京市人民代表大会常务委员会关于依法防控新型冠状病毒感染肺炎疫情，坚决打赢疫情防控阻击战的决定》，规定了政府、单位、个人的法律权利和义务，明确指出以下法律红线不能触碰。

在返京复工后，个人应严格遵守的法律义务包括：（1）主动报告。疫情严重地区的返京人员应主动报告健康状况；（2）服从管理。服从、配合、协助疫情防控的指挥和安排，依法接受调查、检验、隔离等防控措施，如实提供有关情况；（3）佩戴口罩，不聚集。严格遵守在公共场所佩戴口罩的规定，减少外出活动，不参加聚会和集体活动；（4）禁食野味。注意环境和个人卫生，不食用法律法规规定禁止食用的野生动物；（5）不造谣。不造谣、不信谣、不传谣，以实际行动参与和支持疫情防控阻击战。

如果个人触碰以上法律红线，应承担以下法律后果：（1）对于顶风违法要严厉打击；（2）拒不隔离将被采取强制措施；（3）隐瞒谎报疫情、暴力伤医、造谣传谣视情节严重程度承担行政、刑事责任。

17. 疫情防控期间，企业在应急管理方面应采取哪些有效措施？

在疫情防控期间，企业作为市场经营的主体，为减少企业经营损失尽快恢复生产，应从以下几个方面采取有效的应急管理措施。

（1）建立企业应急管理委员会。比如，湖北骆驼集团股份有限公司在 2020 年 1 月 26 日成立了疫控指挥中心，受到社会各界关注与好评。

（2）编制《疫情应急管理手册》，从应急管理工作目标、工作原则、组织管理、预警机制、疫情响应、应对措施、突发重大疫情信息报告及信息发布、疫情解除八个方面进行明确规定。

（3）将企业应急管理范围由企业内部延伸至经销商、门店（如果有）、战略合作伙伴。面向这些战略合作伙伴提供统一的应急管理支持，包括手册支持、资金支持、医疗救治资源支持、心理辅导支持、劳动用工法律支持等。

（4）做好疫情期间企业的业务规划和经营安排。

（5）做好疫情期间企业社会责任规划和具体工作内容安排。

（6）做好员工、经销商、其他战略合作伙伴实际支持工作。

疫情发生后，一般不会很快消失，需要企业做好及时应对工作。通过采取科学、及时、有效的应急管理措施，确保企业疫情应急管理有序，确保企业业务经营有序，从而将损失降低到最低。

18. 在疫情防控中，员工拒绝向企业提供个人信息，企业应该如何处理？

在疫情防控工作中，企业应明确告知员工收集相关信息的依据、使用目的及拒不提供的后果；如果员工仍然拒绝的，企业可以自行或应要求向政府主管部门提供掌握的员工个人信息，由政府主管部门依职权要求员工提供其他个人信息。

对于员工拒绝向企业提供个人信息的，企业应该给予员工相应的义务告知和后果提示，具体内容包括：

（1）在相关疾病预防控制机构、医疗机构以及国家和地方政府和主管部门尚未有明确要求的情况下，企业可向员工明确说明收集信息的目的、范围及使用方式，以及强化信息收集合理性的其他因素（例如，考虑到政府公布的诊疗方案提到 14 天病毒的潜伏期，员工提供相关信息有助于主管部门和企业了解情况，有效应对和控制疫情发展），并明确要求员工签字同意。

（2）在相关疾病预防控制机构、医疗机构以及政府主管部门已有要求的情况下，员工配合提供受疫情影响的相关信息以防控疫情是公民的法定义务，如拒绝提供信息，员工将有可能违反《中华人民共和国传染病防治法》《突发公共卫生事件应急条例》等法律法规规定并承担相应的法律责任。

依据《中华人民共和国传染病防治法》《突发公共卫生事件应急条例》规定，个人未履行报告职责，员工不配合调查的，要承担行政处分或者纪律处分；造成传染病传播、流行，给他人人身、财产造成损害的，依法承担民事责任；构成违反治安管理行为的，由公安机关依法予以行政处罚；如构成犯罪的，将承担刑事责任。如果员工的行为构成犯罪并被依法追究刑事责任，企业则可依据劳动合同法第 39 条的规定，单方解除与该员工的劳动合同。

19. 新冠肺炎疫情应急处置完成后，企业应该从哪些方面做好复工复产的安全防范？

新冠肺炎疫情应急处置完成后，为了做好复工的安全生产管理，各级、各有关部门要严把企业复工复产验收关口，确保企业复工复产，涉及保障公共事业运行必需（供水、供气、供电、供暖、通信、公共交通、市政环卫等行业）、疫情防控必需（医疗器械、药品、防护用品、消杀用品生产运输和销售等行业）、群众生活必需（超市卖场、农贸市场、食品生产和物流供应等行业）及其他涉及重要国计民生的相关企业除外。

企业应从以下几个方面做好复工复产安全防范措施：

第一，做好复产企业审批备案，制定科学规范的复工复产方案，确保复产工作安全有序实施。企业要成立由主要负责人牵头的疫情防控领导小组，组成专班负责疫情防控工作。要结合企业生产实际情况和职工人员状况，制定复工复产实施方案，该方案要细化落实到各部门，明确各级责任人。

第二，全面核查员工情况。企业复工生产前要详细掌握并了解每名职工的健康状态、节假日期间出行和参加集会聚会情况，排查确认职工节假日期间密切接触者中，是否有重点疫区来源地人员。对于来自新冠肺炎疫情较重地区的员工要求其停止返岗，或推迟返岗时间，待疫情结束后方可返岗。如特殊需要必须返岗的，企业要负责对其先行隔离 14 天，排除疫情后方可上岗工作，期间不得安排与其他员工进行接触。

第三，组织实施消毒、安全检查，做好到岗防护措施。企业复工前要提前对工作区、食堂等公共场所和人员聚集场所的设施、设备进行消毒防疫，对生产设施设备进行安全检查。企业复工后，每日对全体上岗人员上班前进行体温检测，如有发热或咳嗽的情况立即安排到医疗机构就诊，排除疫情后方可上岗工作。对于到企业办理业务的外来人员要特别关注，做好防护措施后方可进行接洽。一旦企业发现员工有确诊病例或疑似感染者，立即报告并停止生产，逐人进行核查，待消除疫情后方可恢复生产。

第四，坚持执行“日报告”制度。企业应将生产经营情况、员工健康状况、防疫工作开展情况每日向当地县（市、区）人民政府和主管部门进行报告，以便统筹进行安排部署，紧急情况随时上报。各县（市、区）要将辖区内企业开工情况、员工健康情况、防疫工作开展情况进行汇总整理，随时掌握企业复工复产后的工作动态。

20. 疫情发生后，学校应该采取哪些应急措施以控制事态发展？

疫情发生后，学校应在当地政府和卫生健康行政部门的统一领导下，根据疫情突发公共卫生事件的严重程度，做好相应的应急处置工作。学校在当地政府的统一部署下，按照分级响应的原则，根据相应级别作出应急反应。

对于校园突发公共卫生事件的应急处置，学校要采取边调查、边处理、边抢救、边核实、边报告的方式，以有效措施控制事态发展。具体包括以下措施：

（1）疫情发生后，立即向疾病预防控制部门报告。具体包括疫情发生时间、地点、人数；对于发生甲类、乙类、丙类传染病暴发流行的，实行24小时值班和每日“零报告”制度。

（2）学校要与患病人员（特别是中小学生或病情严重者）的家长、家属保持联系，通报情况，做好思想工作，稳定其情绪。

（3）积极配合卫生疾病控制部门封锁和保护事发现场。对相关场所、人员的致病因素进行排查，对发病现场、可疑污染区进行消毒和处理，对与病人有密切接触者实施相应的隔离措施。

21. 疫情应急处置完成后，学校应该从哪些方面恢复学校的正常教学秩序？

突发传染病疫情应急处置完成后，学校应从以下几个方面做好恢复工作，争取在最短时间内恢复学校的正常教学秩序。

第一，加强宣传教育，整改传染病的卫生隐患。结合校园疫情突发公共卫生事件反映出的相关问题、存在的卫生隐患问题，以及有关部门提出的整改意见进行整改。以此加强经常性的宣传教育，防止校园突发传染病疫情再次发生。

第二，彻底清扫消毒，恢复正常秩序。对因传染病流行而致暂时集体停课的，必须对教室、图书馆、阅览室、学生宿舍、食堂、厕所等场所进行彻底清扫消毒后，方能复课；因水源污染造成传染病流行的学校，其水源必须经卫生部门检测合格后，方可重新启用。

第三，因传染病暂时停学的学生，必须在恢复健康，并经有关卫生部门确定没有传染性后方可复学。

22. 在疫情防控中，广大社区应该如何把握好哪些环节？

社区防控作为疫情防控基础环节，是疫情防控的坚强堡垒。各地民政部门应紧紧依靠广大居民构建社区生活共同体，内防扩散，外防输出；充分发挥社区组织作用，形成做好社区防控工作的整体合力。社区要坚持依法防控。严格依法实施社区防控措施，加大对危害社区防控行为的执法力度，组织社区开展疫情防控普法宣传，引导广大社区居民增强法治意识，依法支持和配合疫情防控工作。

广大社区具体应从以下几个环节做好疫情防控。

（1）落实防控责任。各级党委政府要督促社区落实疫情防控责任，落细落实防控方案。对实行 24 小时值班制度的重点地区，要坚决落实专门人员和值守责任，人手不足的，可派机关事业单位人员到社区帮助工作。

（2）完善管理制度。落实社区外来人员登记制度，对尚未实行 24 小时值班制度的其他地区，要积极推广社区二维码进出凭证等信息化模式。发挥社区门禁系统和公共视频监控作用，鼓励各类互联网企业依托已有平台或程序，开发符合社区防控要求的功能应用。

（3）强化资源保障。各地要为社区配备必要的防疫物资，重点加大卫生防护资源的保障力度，面向社区组织和社区工作者开展疫情防控卫生防护知识培训，合理安排社区工作者轮休，帮助他们提高做好社区防控工作的意识和能力。

（4）优化精细服务。要加强对社区公共道路、公共空间、公共设施和公用器材各部位的日常消毒，实现现有资源的防护效能最大化。社区组织每天按要求实时报送疫情信息，会同基层医疗卫生机构加强发热和症状监测。普及宣传社区防控政策措施，及时收集居民诉求，加强对社区特殊群体和困难家庭的关怀帮扶。

23. 社区实施封闭管理后，应如何解决居民的日常生活需求？

在疫情防控中，对居住社区实施封闭式管理是采取的一项紧急措施，要视情况对住宅单元楼门、社区等实行封闭式管理。社区的封闭式管理应严格执行，具体包括：

（1）在出入口设置检查点，居住人员和车辆凭证出入，进入人员必须佩戴口罩并进行体温检测。

（2）严格核实登记社区来往人员、车辆；外来人员和车辆原则上不得进入社区，情况特殊确须进入的，由管理人员做好登记备案。

（3）快递、外卖等人员送至社区的指定设置区域，避免人群集聚。

（4）无物业、无安保、开放式社区由属地街道（乡镇）负责落实封闭措施。

在此期间，为了解决社区居民的日常正常生活需求，在做好疫情防控同时应做好以下服务管理：

（1）规范社区出入证管理，在严格做好防护和体温测量情况下，尽量允许每户家庭派人外出采购生活物资，满足正常生活需求。

（2）安排社区工作者代购，对特殊群体、困难家庭和居家隔离人员给予帮扶、关怀，帮助购买各类生活必需品，送到家门口。

（3）组织社区周边货源配送，对接大型连锁企业和社区周边超市、便利店，在社区内部设立生活物资销售点。

（4）设置社区快递外卖配送区域，由快递员将居民购买的生活用品，送至指定区域，并由收件人无接触式领取；另外，有条件对快递人员和车辆、物品进行消毒的社区，可以允许快递员将物品投入智能快递箱。

24. 在我国农村地区，应采取哪些措施做好疫情防控？

在我国广大的农村地区，人口众多，如何防范疫情在农村扩散，是一场严峻考验。为了确保广大农民群众的身体健康和生命安全，确保农村经济健康发展和社会稳定，应从以下几个方面采取措施，扎实做好农村地区的疫情防控。

其一，加大对农村地区防控工作的重视程度。重点做好外地返乡农民工和学生的检测和跟踪工作，及时跟踪观察其健康状况，切断可能存在的传染链条，堵住疫情向农村传播的途径。

其二，通过网络、广播、手机等非面对面的传播手段，加大宣传力度。各级党员干部要到村入户，讲解预防知识，引导广大农民群众科学防范，讲究卫生，培养良好的生活习惯和健康的生活方式。

其三，加大对人群密集公共场合的管控。严禁各种集聚活动，禁止举办庙会、农贸集市等商业活动。科学安排菜场、超市、药店等营业时间，关闭农村老年活动中心、文化礼堂、农家书屋等公共活动场所；关闭农家乐、民宿、农村棋牌室、公共浴室等休闲娱乐经营场所；村内养老院实现全封闭管理。

其四，严格动物管控，加强畜禽养殖的防疫消毒工作。关闭活禽交易市场，禁止采购、加工经营、贩运、食用野生动物。管控好畜禽、宠物，限制宠物外出时间，切断一切可能的疫病传播途径，防止疫情传播扩散。

其五，加强农村医疗卫生机构相关人员培训，加强农村各级医疗机构感染控制。通过视频、技术指南、临床防护要求等培训手段，大力提升基层医疗卫生人员服务能力。在加强培训的过程中，要落实基层筛查医学追踪，尤其是明确对外地返乡人员的健康管理的责任，切实把防控的各项措施在农村地区有效落实。

25. 对于公益慈善捐赠活动，各级红十字会应该如何依法加强管理？

疫情防控期间，社会各界纷纷向疫情一线无私捐助，奉献爱心。为规范中国红十字会募捐和接受捐赠工作，根据《中华人民共和国红十字会法》《中华人民共和国慈善法》《中华人民共和国公益事业捐赠法》《国务院关于促进红十字事业发展的意见》《中国红十字会捐赠工作管理办法》等规定，各级红十字会应依法做好如下捐赠管理。

中国红十字会总会指导地方红十字会和行业红十字会的募捐和接受捐赠工作。红十字会以外的单位和个人未经县级以上红十字会授权，不得以红十字的名义开展募捐和接受捐赠工作。各级红十字会开展公开募捐活动，如涉及公共安全、公共秩序以及消防等事项的，应当按照有关规定履行批准程序。各级红十字会可以采取下列方式开展公开募捐：（1）在公共场所设置募捐箱；（2）举办面向社会公众的义演、义赛、义卖、义展、义拍、慈善晚会等；（3）通过广播、电视、报刊、互联网等媒体发布募捐信息；（4）其他公开募捐方式。各级红十字会与不具有公开募捐资格的组织或者个人合作开展公开募捐活动的，应依法签订书面合作协议，募捐的全部收支应纳入红十字会捐款账户，并进行统一的财务核算与管理。

各级红十字会接受捐赠应开设银行专户，建立专账进行管理。红十字会接受的捐赠财产应当是捐赠人有权处分的合法财产，具体包括货币、实物、房屋、有价证券、股权、知识产权等有形和无形财产。接受捐赠的实物应当具有使用价值，符合安全、卫生、环保等标准。红十字会接受捐赠，可根据实际情况，或与捐赠人签订捐赠协议，或请捐赠人出具捐赠函，约定捐赠财产的种类、数量、用途、交付时间等内容。捐赠人不得指定其利害关系人作为受益人。红十字会接受捐赠后，应及时向捐赠人出具财政部门统一监（印）制的捐赠票据。捐赠人匿名或放弃捐赠票据的，应当做好相关记录。各级红十字会应当建立捐赠财产的财务管理、内部控制、审计公开和监督检查等制度，规范捐赠财产的管理和使用。红十字会应当按照募捐方案、捐赠协议或捐赠人意愿处分接受的捐赠财产，用于符合红十字会宗旨的人道救助工作。

中国红十字会总会按照以下标准，对一次性捐赠100万元人民币以上的捐赠人进行表彰：（1）对一次性捐赠人民币100万元以上、500万元以下的捐赠人，授予“中国红十字奉献奖章”，颁发由中国红十字会会长签发的捐赠证书。（2）对一次性捐赠人民币500万元以上、1000万元以下的捐赠人，授予“中国红十字博爱奖章”，颁发由中国红十字会会长签发的捐赠证书。（3）对一次性捐赠人民币1000万元以上的捐赠人，授予“中国红十字人道勋章”，颁发由中国红十字会会长签发的捐赠证书及“博爱”牌匾。捐赠人通过县级以上红十字会向红十字事业的捐赠，依法享受相应的税收优惠政策。

关于公益慈善捐赠活动，我国法律分别从多个方面作了比较明确具体的规定。在公益慈善活动中违反法律规定的，应当依法承担法律责任，即行政处分、行政处罚、承担民事责任、追究刑事责任。特别是对私分、挪用、截留、侵占捐赠财物等行为，更要依法严惩。

26. 对于新型冠状病毒肺炎疫情防控的税收，纳税人可以享受哪些优惠政策？

为了更好地发挥税收支持疫情防控的职能作用，帮助纳税人准确掌握和及时适用各项税收政策，让纳税人实实在在地享受到相关税收优惠，国家税务总局对新出台的税收优惠政策进行梳理，形成《新冠肺炎疫情防控税收优惠政策指引》。该指引涉及支持防护救治、支持物资供应、鼓励公益捐赠、支持复工复产四个方面12项优惠政策。

其一，支持防护救治方面：（1）取得政府规定标准的疫情防治临时性工作补助和奖金，免征个人所得税；（2）个人取得单位发放的预防新型冠状病毒感染肺炎的医药防护用品等，免征个人所得税。

其二，支持物资供应方面：（1）对疫情防控重点保障物资生产企业，全额退还增值税增量留抵税额；（2）纳税人提供疫情防控重点保障物资运输收入，免征增值税；（3）纳税人提供公共交通运输服务、生活服务及居民必需生活物资快递收派服务收入，免征增值税；（4）对疫情防控重点物资生产企业扩大产能购置设备，允许企业所得税税前一次性扣除；（5）对卫生健康主管部门组织进口的直接用于防控疫情物资，免征关税。

其三，鼓励公益捐赠方面：（1）通过公益性社会组织或县级以上人民政府及其部门等国家机关捐赠应对疫情的现金和物品，允许企业所得税或个人所得税税前全额扣除；（2）直接向承担疫情防治任务的医院捐赠应对疫情物品，允许企业所得税或个人所得税税前全额扣除；（3）无偿捐赠应对疫情的货物，免征增值税、消费税、城市维护建设税、教育费附加、地方教育附加；（4）扩大捐赠免税进口范围。

其四，支持复工复产方面：受疫情影响较大的困难行业企业，2020年度发生的亏损最长结转年限延长至8年。

27. 对于新型冠状病毒肺炎疫情防控有关捐赠所得税税前扣除政策，企业和个人如何享受优惠？

为了进一步落实好支持新型冠状病毒肺炎疫情防控税收政策，明确相关税收征收管理事项，简便征管流程，国家税务总局发布了《国家税务总局关于支持新型冠状病毒感染的肺炎疫情防控有关税收征收管理事项的公告》。

该公告明确，为支持新型冠状病毒肺炎疫情防控工作，贯彻落实相关税收政策，适用增值税增量留抵退税政策的疫情防控重点保障物资生产企业，应当在增值税纳税申报期内，完成本期增值税纳税申报后，向主管税务机关申请退还增量留抵税额。按照有关规定享受免征增值税、消费税优惠的，可自主进行免税申报，无须办理有关免税备案手续，但应将相关证明材料留存备查。

关于企业捐赠扣除问题，规定如下：（1）企业根据公告规定享受全额税前扣除政策时，凡通过公益性社会组织或者县级以上人民政府及其部门等国家机关，捐赠用于应对新冠肺炎疫情的现金和物品的，应及时要求对方开具公益事业捐赠票据，在票据中注明相关疫情防控捐赠事项。该捐赠票据由企业妥善保管、自行留存。（2）凡直接向承担疫情防治任务的医院捐赠用于应对新冠肺炎疫情的物品的，应妥善保管、自行留存对方开具的捐赠接收函。

关于个人捐赠扣除问题，规定如下：个人根据公告规定享受全额税前扣除政策时，应当按照《财政部、税务总局关于公益慈善事业捐赠个人所得税政策的公告》（2019 年第 99 号）规定办理税前扣除。其中，个人直接向承担疫情防治任务的医院捐赠用于应对新冠肺炎疫情的物品，在办理个人所得税税前扣除时，须在《个人所得税公益慈善事业捐赠扣除明细表》备注栏注明“直接捐赠”。

28. 我国传染病防治经费保障制度的主要内容是什么？

近年以来，党中央、国务院作出一系列重大决策，强化政府的公共卫生职能，加大对公共卫生的投入，加强疾病控制体系和医疗救治体系建设，提高应对重大传染病等突发公共卫生事件的应急管理能力，基本建成覆盖城乡、功能完善的疾病预防控制体系以及传染病防治经费保障制度。

根据传染病防治法第 60 条规定，我国传染病防治经费保障制度主要包括：（1）县、市、省级人民政府根据职责，负责本行政区域的传染病预防、控制、监督工作的人员经费、机构经费、办事经费、设备经费等日常经费，保证日常情况下传染病防治工作的正常进行。（2）传染病发生、流行具有一定的规律，一些传染病可以通过监测和预警来判断其流行趋势；某些传染病可以通过预防措施，如注射疫苗来控制；有些传染病可以通过药物进行有效治疗，如结核病的规范化治疗等。为了采取必要的防治手段控制某些传染病，国家需要确定全国传染病预防、控制、救治、监测、预测、预警、监督检查等具体项目，因此对项目的实施应给予专项资金支持。

根据我国的财政体制，上述项目的资金从以下两个方面给予支持。

一方面，困难地区重大传染病防治项目由中央财政给予补助。从 1991 年开始，财政部和国家发改委分别设立了中央农村卫生专项资金，用于民族地区和贫困地区卫生事业，中央财政每年安排防治传染病专款 5000 多万元，用于鼠疫、血吸虫病等重大疫情防治，每年安排结核病防治专款 4000 多万元。为了建立健全我国公共卫生体系，中央财政 2003 年安排了 10 亿元的公共卫生专项资金。主要用于中西部地区突发公共卫生事件应急医疗救治项目、疾病预防控制机构实验室设备和卫生防疫专用车辆配置项目、计划免疫冷链建设项目、省级卫生监督执法信息数据库建设项目、血吸虫防治项目、消除新生儿破伤风项目、艾滋病防治项目。为了加强基层疫情防控经费保障，提高疫病防控能力，防止向乡村和城市社区扩散和蔓延，2020 年 1 月 27 日，财政部、国家卫生健康委员会下达 2020 年基本公共卫生服务和基层疫情防控补助资金 99.5 亿元，加上已经提前下达的 503.8 亿元，2020 年中央财政安排基本公共卫生服务和基层疫情防控补助资金 603.3 亿元。财政部、国家卫生健康委员会要求，2020 年新增的补助资金全部落实到乡村和城市社区，主要用于应对新型冠状病毒肺炎疫情防控工作，任何地方和部门不得擅自截留、挤占、挪用或改变资金使用用途。

另外一个方面，在卫生健康行政部门确定的项目范围内，省级人民政府根据本地情况，确定传染病预防、控制、监督等项目，并保障项目的经费实施。例如，为控制艾滋病的流行和传播，我国制定了《艾滋病及常见机会性感染免、减费药物治疗管理办法》，其中规定：为农村和城镇未参加基本医疗保险等医疗保障制度的艾滋病病人，免费提供抗病毒药物；对疫情较重地区经济困难的艾滋病病人，常见机会性感染治疗药品费用给予适当减免；为感染艾滋病病毒的孕妇，提供免费的母婴阻断药物及婴儿检测试剂；艾滋病流行严重地区的艾滋病病人，其抗病毒治疗的免费药物、母婴阻断的免费药物及婴儿检测试剂费用由中央财政安排。

/第四章/

市场监督管理

1. 与市场监管部门履行价格监督检查职责直接相关的法律和行政法规有哪些？

与市场监管部门履行价格监督检查职责直接相关的法律主要包括：《中华人民共和国价格法》《中华人民共和国药品管理法》《中华人民共和国突发事件应对法》等。与市场监管部门履行价格监督检查职责直接相关的行政法规主要包括：《价格违法行为行政处罚规定》《突发公共卫生事件应急条例》等。

价格法规定经营者不得相互串通，操纵市场价格，损害其他经营者或者消费者的合法权益；不得捏造、散布涨价信息，哄抬价格，推动商品价格过高上涨。药品管理法规定国家对药品价格进行监测，开展成本价格调查，加强药品价格监督检查，依法查处价格垄断、哄抬价格等药品价格违法行为，维护药品价格秩序。突发事件应对法规定公共卫生事件发生后，履行统一领导职责的人民政府可以采取依法从严惩处囤积居奇、哄抬物价、制假售假等扰乱市场秩序的行为，稳定市场价格，维护市场秩序。

根据《价格违法行为行政处罚规定》，经营者违反价格法有关规定，相互串通，操纵市场价格，造成商品价格较大幅度上涨的，责令改正，没收违法所得，并处违法所得5倍以下的罚款；没有违法所得的，处10万元以上100万元以下的罚款，情节较重的处100万元以上500万元以下的罚款；情节严重的，责令停业整顿，或者由工商行政管理机关吊销营业执照。《突发公共卫生事件应急条例》规定，在突发事件发生期间，散布谣言、哄抬物价、欺骗消费者，扰乱社会秩序、市场秩序的，由公安机关或者工商行政管理部门依法给予行政处罚。

2. 与市场监管部门履行野生动物监管职责直接相关的法律和行政法规有哪些?

与市场监管部门履行野生动物监管职责直接相关的法律主要包括:《中华人民共和国野生动物保护法》《中华人民共和国食品安全法》《中华人民共和国农产品质量安全法》《中华人民共和国农业法》等。与市场监管部门履行野生动物监管职责直接相关的行政法规主要包括:《中华人民共和国濒危野生动植物进出口管理条例》《中华人民共和国陆生野生动物保护实施条例》《中华人民共和国水生野生动物保护实施条例》等。

野生动物保护法规定，违反本法有关规定，生产、经营使用国家重点保护野生动物及其制品或者没有合法来源证明的非国家重点保护野生动物及其制品制作食品，或者为食用非法购买国家重点保护的野生动物及其制品的，由县级以上人民政府野生动物保护主管部门或者市场监督管理部门按照职责分工责令停止违法行为，没收野生动物及其制品和违法所得，并处野生动物及其制品价值 2 倍以上 10 倍以下的罚款。

食品安全法规定，禁止生产经营病死、毒死或者死因不明的禽、畜、兽、水产动物肉类及其制品，禁止生产经营国家为防病等特殊需要明令禁止生产经营的食品。食品安全法还规定生产经营国家为防病等特殊需要明令禁止生产经营的食品但尚不构成犯罪的，由县级以上人民政府食品安全监督管理部门没收违法所得和违法生产经营的食品，并可以没收用于违法生产经营的工具、设备、原料等物品；违法生产经营的食品货值金额不足 1 万元的，并处 10 万元以上 15 万元以下罚款；货值金额 1 万元以上的，并处货值金额15倍以上30倍以下罚款；情节严重的，吊销许可证，并可以由公安机关对其直接负责的主管人员和其他直接责任人员处5日以上15日以下拘留。

农产品质量安全法规定，含有的致病性寄生虫、微生物或者生物毒素不符合农产品质量安全标准的农产品不得销售。农产品质量安全法还规定，农产品生产企业、农产品销售企业、农民专业合作经济组织销售含有的致病性寄生虫、微生物或者生物毒素不符合农产品质量安全标准的农产品，责令其停止销售，追回已经销售的农产品，对违法销售的农产品进行无害化处理或者予以监督销毁；没收违法所得，并处2000元以上2万元以下罚款。

农业法规定，县级以上人民政府工商行政管理部门和其他有关部门按照各自的职责，依法管理农产品批发市场，规范交易秩序。

陆生野生动物保护实施条例规定，对进入集贸市场的野生动物或者其产品，由工商行政管理部门进行监督管理；在集贸市场以外经营野生动物或者其产品，由野生动物行政主管部门、工商行政管理部门或者其授权的单位进行监督管理。

水生野生动物保护实施条例规定，对进入集贸市场的水生野生动物或者其产品，由工商行政管理部门进行监督管理，渔业行政主管部门给予协助；在集贸市场以外经营水生野生动物或者其产品，由渔业行政主管部门、工商行政管理部门或者其授权的单位进行监督管理。

3. 与市场监管部门履行保护消费者权益职责直接相关的法律有哪些?

与市场监管部门履行保护消费者权益职责直接相关的法律主要包括：《中华人民共和国消费者权益保护法》《中华人民共和国产品质量法》等。

消费者权益保护法规定，经营者与消费者进行交易，应当遵循自愿、平等、公平、诚实信用的原则；消费者享有公平交易的权利；消费者在购买商品或者接受服务时，有权获得质量保障、价格合理、计量正确等公平交易条件，有权拒绝经营者的强制交易行为。经营者向消费者提供商品或者服务，应当恪守社会公德，诚信经营，保障消费者的合法权益；不得设定不公平、不合理的交易条件，不得强制交易，经营者发现其提供的商品或者服务存在缺陷，有危及人身、财产安全危险的，应当立即向有关行政部门报告和告知消费者，并采取停止销售、警示、召回、无害化处理、销毁、停止生产或者服务等措施。消费者权益保护法还规定，各级人民政府工商行政管理部门和其他有关行政部门应当依照法律、法规的规定，在各自的职责范围内，采取措施，保护消费者的合法权益。有关行政部门应当听取消费者和消费者协会等组织对经营者交易行为、商品和服务质量问题的意见，及时调查处理。

产品质量法规定，产品质量应当检验合格，不得以不合格产品冒充合格产品。产品质量法还规定，可能危及人体健康和人身、财产安全的工业产品，必须符合保障人体健康和人身、财产安全的国家标准、行业标准；未制定国家标准、行业标准的，必须符合保障人体健康和人身、财产安全的要求。

4. 与市场监管部门履行维护市场秩序职责直接相关的法律和行政法规有哪些？

与市场监管部门履行维护市场秩序职责直接相关的法律主要包括：《中华人民共和国广告法》《中华人民共和国电子商务法》《中华人民共和国反不正当竞争法》《中华人民共和国产品质量法》。与市场监管部门履行维护市场秩序职责直接相关的行政法规主要包括《医疗器械监督管理条例》。

根据广告法规定，广告有下列情形之一的，为虚假广告：（1）商品或者服务不存在的；（2）商品的性能、功能、产地、用途、质量、规格、成分、价格、生产者、有效期限、销售状况、曾获荣誉等信息，或者服务的内容、提供者、形式、质量、价格、销售状况、曾获荣誉等信息，以及与商品或者服务有关的允诺等信息与实际情况不符，对购买行为有实质性影响的；（3）使用虚构、伪造或者无法验证的科研成果、统计资料、调查结果、文摘、引用语等信息作证明材料的；（4）虚构使用商品或者接受服务的效果的；（5）以虚假或者引人误解的内容欺骗、误导消费者的其他情形。广告法还规定，发布虚假广告的，由市场监督管理部门责令停止发布广告，责令广告主在相应范围内消除影响，并处以相应的罚款。

电子商务法规定，电子商务平台经营者违反本法相关规定，对平台内经营者侵害消费者合法权益行为未采取必要措施，或者对平台内经营者未尽到资质资格审核义务，或者对消费者未尽到安全保障义务的，由市场监督管理部门责令限期改正，并可处以相应的罚款。电子商务法还规定，电子商务经营者违反本法规定，销售的商品或者提供的服务不符合保障人身、财产安全的要求，实施虚假或者引人误解的商业宣传等不正当竞争行为，滥用市场支配地位，或者实施侵犯知识产权、侵害消费者权益等行为的，依照有关法律的规定处罚。

产品质量法规定，在产品中掺杂、掺假，以假充真，以次充好，或者以不合格产品冒充合格产品的，责令停止生产、销售，没收违法生产、销售的产品，并处违法生产、销售产品货值金额50%以上3倍以下的罚款；有违法所得的，并处没收违法所得；情节严重的，吊销营业执照；构成犯罪的，依法追究刑事责任。

根据《医疗器械监督管理条例》的规定，生产、经营、使用不符合强制性标准或者不符合经注册或者备案的产品技术要求的医疗器械的，经营、使用无合格证明文件、过期、失效、淘汰的医疗器械，或者使用未依法注册的医疗器械的由县级以上人民政府食品药品监督管理部门责令改正，没收违法生产、经营或者使用的医疗器械；违法生产、经营或者使用的医疗器械货值金额不足1万元的，并处2万元以上5万元以下罚款；货值金额1万元以上的，并处货值金额5倍以上10倍以下罚款；情节严重的，责令停产停业，直至由原发证部门吊销医疗器械注册证、医疗器械生产许可证、医疗器械经营许可证。

5. 在疫情防控期间，为何要对野生动物及其制品非法交易、口罩等防护用品制假售假、哄抬防护用品及制作原材料和粮油肉蛋菜奶等基本民生商品价格等违法行为，从重从快严厉打击？体现在哪些方面？

研究发现，新型冠状病毒与一种蝙蝠的冠状病毒序列一致性高达96%，但是否存在中间宿主目前还需要研究。禁止野生动物及其制品非法交易，在一定程度上有助于阻断病毒源头，有利于疫情防控。口罩等防护用品和粮油肉蛋菜奶等基本民生商品，与抗击疫情和群众生活关系最为密切。在疫情防控期间，防疫用品、民生商品价格波动老百姓最为关心，市场反应也最为敏感；各级市场监管部门必须对哄抬防疫用品、民生商品价格的违法行为坚持露头就打，切实维护相关市场价格秩序。基于上述考虑，且上述三种违法行为既在疫情防控期间发生，又与疫情防控密切相关，具有特殊的危害性，应当依法从重、从快处罚。

从重处罚体现在：对野生动物及其制品非法交易、口罩等防护用品制假售假等违法行为，由于直接影响疫情防控，要在依法可以选择的处罚种类和处罚幅度内顶格处罚；对哄抬防护用品及制作原材料和基本民生商品价格等违法行为，也影响疫情防控，但考虑到具体情形更为复杂多样，对其处罚需要区分不同情况，要在依法可以选择的处罚种类和处罚幅度内，适用较重、较多的处罚种类或者较高的处罚幅度进行处罚；其中罚款的数额应当在从最低限到最高限这一幅度中较高的30%部分。无论哪种违法行为，涉嫌犯罪的，必须坚决移送司法机关依法追究刑事责任。

从快处罚体现在：各地市场监管部门对与疫情防控相关的违法案件优先办理，同时加快工作节奏，尽力缩短案件办理时间，切实提高办案效率；各省级市场监管部门在不违反法律、行政法规的情况下，对市场监督管理总局制定和公布的相关规章及文件可以调整实施，自行决定加快案件办理的具体举措。从快处罚时，需要注意以下几个问题：一是不得违反行政处罚法等法律、行政法规的规定。二是可以调整实施的规章主要是指《市场监督管理行政处罚程序暂行规定》和《市场监督管理行政处罚听证暂行办法》。三是地方政府及其司法部门对办案程序也有一些规定，需要做好与这些规定的衔接。

6. 如何认定捏造涨价信息的行为？

经营者存在以下情形的，可以认定为捏造涨价信息。（1）虚构购进成本的；（2）虚构本地区货源紧张或者市场需求激增的；（3）虚构其他经营者已经或者准备提价的；（4）虚构可能推高防疫用品、民生商品价格预期的其他信息的。

由于商品的价格与其购进成本、供求状况等多种因素相关，“捏造涨价信息”内涵远大于“捏造价格上涨”。经营者为了增加捏造信息的说明力，也往往会通过虚构成本增高、需求增加等方式，来达到推高商品价格的目的。执法实践中，比较多见的捏造涨价信息表现形式有：一是虚构购进成本。包括虚构经营者自身购进成本或者其他经营者的购进成本，还包括故意混淆进货批次，把成本高点的进货成本说成是所有存货的进货成本等。二是虚构本地区货源紧张或者本地区市场需求激增。包括夸大购进货物的难度、虚构库存情况、隐瞒对增加市场供应的有利市场信息、夸大市场供应紧张商品的需求数量或者虚构已经售出的商品数据，制造紧张气氛。三是虚构其他经营者已经或者准备提价。以虚构其他经营者提价或者即将提价来为自己的提价行为提供合理性，也容易给消费者造成供应紧张的紧迫感。

如前所述，影响价格预期的因素很多，只要经营者虚构了与供应紧张、需求旺盛、价格上涨有密切关联的信息，可能推高价格预期进而推高商品价格的，都可以被认定为捏造涨价信息的行为，因此，需要注意其他形式的虚构信息，以便于执法。

7. 如何认定散布涨价信息的行为？

经营者存在以下情形的，可以认定为散布涨价信息。（1）散布捏造的涨价信息的；（2）散布的信息虽不属于捏造信息，但使用“严重缺货”“即将全线提价”等紧迫性用语或者诱导性用语，推高价格预期的；（3）散布言论，号召或者诱导其他经营者提高价格的；（4）散布可能推高防疫用品、民生商品价格预期的其他信息的。

“散布涨价信息”内涵远大于“散布价格上涨”，散布涨价信息主要分为以下几种表现形式：一是散布捏造的涨价信息。捏造的涨价信息并非真实信息，或者在当时条件下根本无法预测到的信息。经营者散布捏造的涨价信息，从本质上讲是一种欺骗行为，即通过传播欺骗性信息，推动价格非合理上涨，借此牟取不当利益。二是散布的信息虽不属于捏造，但使用了紧迫性用语或者诱导性用语，人为制造恐慌情绪，推高价格预期。三是散布言论，号召或诱导其他经营者抬高价格的。这种行为与价格串通行为的区别在于，散布言论号召或诱导其他经营者抬高价格行为属于经营者单方行为，其目的是通过散布言论，对其他经营者甚至社会公众产生心理影响，从而推动价格过快过高上涨。四是考虑到散布信息影响价格舆情的情况比较复杂，要注意其兜底条款，以便于执法。

8. 如何认定违法哄抬物价的行为？

根据 2020 年 2 月 1 日公布的《市场监管总局关于新型冠状病毒感染肺炎疫情防控期间查处哄抬价格违法行为的指导意见》，违法哄抬物价的行为有三种表现形式：一是以“捏造、散布防疫用品、民生商品涨价信息”的形式违法哄抬物价；二是在生产环节、批发环节和零售环节，通过非法囤积行为违法哄抬物价；三是通过强制搭售其他商品、提高配送费、超过正常进销差价率销售同种商品等方式违法哄抬物价。

具体而言，违法哄抬物价的具体表现形式有以下几种：

其一，经营者捏造、散布防疫用品、民生商品涨价信息。经营者有捏造或者散布的任意一项行为，即可认定构成哄抬价格违法行为。

其二，经营者有以下情形之一，可以认定构成哄抬价格违法行为：（1）生产防疫用品及防疫用品原材料的经营者，不及时将已生产的产品投放市场，经市场监管部门告诫仍继续囤积的；（2）批发环节经营者，不及时将防疫用品、民生商品流转至消费终端，经市场监管部门告诫仍继续囤积的；（3）零售环节经营者除为保持经营连续性保留必要库存外，不及时将相关商品对外销售，经市场监管部门告诫仍继续囤积的。生产环节、批发环节经营者能够证明其出现第（2）项、第（3）项情形，属于按照政府或者政府有关部门要求，为防疫需要进行物资储备或者计划调拨的，不构成哄抬价格违法行为。对于零售领域经营者，市场监管部门已经通过公告、发放提醒告诫书等形式，统一向经营者告诫不得非法囤积的，视为已依法履行告诫程序，可以不再进行告诫，直接认定具有囤积行为的经营者构成哄抬价格违法行为。

其三，经营者出现下列情形之一，可以认定构成哄抬价格违法行为：（1）在销售防疫用品过程中，强制搭售其他商品，变相提高防疫用品价格的；（2）未提高防疫用品或者民生商品价格，但大幅度提高配送费用或者收取其他费用的；（3）经营者销售同品种商品，超过 2020 年 1 月 19 日前（含当日，下同）最后一次实际交易的进销差价率的；（4）疫情发生前未实际销售，或者

2020年1月19日前实际交易情况无法查证的，经营者在购进成本基础上大幅提高价格对外销售，经市场监管部门告诫，仍不立即改正的。

9. 对于违法哄抬物价的行为，应该如何处罚？

根据《价格违法行为行政处罚规定》第6条的规定，经营者哄抬物价的，应责令改正，没收违法所得，并处违法所得5倍以下的罚款；没有违法所得的，处5万元以上50万元以下的罚款，情节较重的处50万元以上300万元以下的罚款；情节严重的，责令停业整顿，或者由工商行政管理机关吊销营业执照。

《市场监管总局关于依法从重从快严厉打击新型冠状病毒疫情防控期间违法行为的意见》规定，对于哄抬价格违法行为具有无合法销售或者收费票据的；隐匿、销毁销售或者收费票据的；隐瞒销售或收费票据数量、账簿与票据金额不符导致计算违法所得金额无依据的；实际成交金额过低但违法行为情节恶劣的；其他违法所得无法准确核定的情形，市场监管部门可以按无违法所得论处。对于具有捏造或者散布疫情扩散、防治方面的虚假信息，引发群众恐慌，进而推高价格预期的；同时使用多种手段哄抬价格的；哄抬价格行为持续时间长、影响范围广的；哄抬价格之外还有其他价格违法行为的；疫情防控期间，有两次以上哄抬价格违法行为的；隐匿、毁损相关证据材料或者提供虚假资料的；拒不配合依法开展的价格监督检查的；其他应当被认定为情节较重或者情节严重的情形的，且无违法所得或者视为无违法所得的哄抬价格违法行为，市场监管部门应当依据《价格违法行为行政处罚规定》第6条规定的情节较重或者情节严重的罚则进行处罚；经营者违法所得能够明确计算的，应当依法从重处罚。市场监管部门发现经营者哄抬价格违法行为构成犯罪的，应当依法移送公安机关。

值得注意的是，经营者违反省级人民政府依法实施的价格干预措施关于限定差价率、利润率或者限价相关规定的，构成不执行价格干预措施的违法行为，不按哄抬价格违法行为进行查处。

10. 在疫情防控期间，除哄抬物价外，还有其他哪些价格违法行为？

在疫情防控期间，除哄抬物价外，其他价格违法行为主要包括价格欺诈，不明码标价，不执行政府指导价、政府定价，不执行法定的价格干预措施、紧急措施等。

根据《价格违法行为行政处罚规定》第7条的规定，价格欺诈，是指经营者违反价格法第14条的规定，利用虚假的或者使人误解的价格手段，诱骗消费者或者其他经营者与其进行交易。

根据《价格违法行为行政处罚规定》第13条的规定，不明码标价，是指经营者违反明码标价规定，且有下列行为之一：（1）不标明价格的；（2）不按照规定的内容和方式明码标价的；（3）在标价之外加价出售商品或者收取未标明的费用的；（4）违反明码标价规定的其他行为。

根据《价格违法行为行政处罚规定》第9条的规定，不执行政府指导价、政府定价，是指具有下列行为之一：（1）超出政府指导价浮动幅度制定价格的；（2）高于或者低于政府定价制定价格的；（3）擅自制定属于政府指导价、政府定价范围内的商品或者服务价格的；（4）提前或者推迟执行政府指导价、政府定价的；（5）自立收费项目或者自定标准收费的；（6）采取分解收费项目、重复收费、扩大收费范围等方式变相提高收费标准的；（7）对政府明令取消的收费项目继续收费的；（8）违反规定以保证金、抵押金等形式变相收费的；（9）强制或者变相强制服务并收费的；（10）不按照规定提供服务而收取费用的；（11）不执行政府指导价、政府定价的其他行为。

根据《价格违法行为行政处罚规定》第10条的规定，不执行法定的价格干预措施、紧急措施，是指具有下列行为之一：（1）不执行提价申报或者调价备案制度的；（2）超过规定的差价率、利润率幅度的；（3）不执行规定的限价、最低保护价的；（4）不执行集中定价权限措施的；（5）不执行冻结价格措施的；（6）不执行法定的价格干预措施、紧急措施的其他行为。

11. 在疫情防控期间，除哄抬物价外的其他价格违法行为可能面临哪些处罚？

在疫情防控期间，根据法律规定，除哄抬物价外的其他价格违法行为可能面临以下处罚。

根据《价格违法行为行政处罚规定》第 7 条的规定，对于价格欺诈的违法行为，责令改正，没收违法所得，并处违法所得 5 倍以下的罚款；没有违法所得的，处 5 万元以上 50 万元以下的罚款；情节严重的，责令停业整顿，或者由工商行政管理机关吊销营业执照。

根据《价格违法行为行政处罚规定》第 13 条的规定，对于不明码标价的违法行为，责令改正，没收违法所得，可以并处 5000 元以下的罚款。

根据《价格违法行为行政处罚规定》第 9 条的规定，对于不执行政府指导价、政府定价的违法行为，责令改正，没收违法所得，并处违法所得 5 倍以下的罚款；没有违法所得的，处 5 万元以上 50 万元以下的罚款，情节较重的处 50 万元以上 200 万元以下的罚款；情节严重的，责令停业整顿。

根据《价格违法行为行政处罚规定》第 10 条的规定，对于不执行法定的价格干预措施、紧急措施的违法行为，责令改正，没收违法所得，并处违法所得 5 倍以下的罚款；没有违法所得的，处 10 万元以上 100 万元以下的罚款，情节较重的处 100 万元以上 500 万元以下的罚款；情节严重的，责令停业整顿。

12. 在疫情防控期间，对于生产、销售口罩可能存在的违法行为，应该如何给予处罚？

在疫情防控期间，生产、销售口罩的厂家或经销商存在以下违法行为，应依法给予相应处罚。

其一，非医用口罩在销售过程中冒充医用口罩、宣称有防治功能或有其他虚假宣传行为，依照消费者权益保护法、反不正当竞争法或广告法的相关规定择重处罚。

其二，生产非医用的假冒口罩，侵犯注册商标专用权或专利权的，依据商标法或专利法立案处罚，如还存在产品质量问题的，还应按照产品质量法同时进行处罚；销售非医用的假冒口罩，侵犯注册商标专用权或专利权的，依据商标法或专利法立案处罚，如还存在以假充真、以次充好等产品质量问题的，按照商标法、专利法、产品质量法及消费者权益保护法择重处罚。情节严重构成犯罪的，应及时移送有管辖权的公安机关依法处理。

其三，生产“三无”口罩的，依据产品质量法处理；销售“三无”口罩的，根据案件具体情况适用消费者权益保护法或产品质量法处理；情节严重构成犯罪的，应及时移送有管辖权的公安机关依法处理。

13. 在疫情防控期间，生产、销售假冒伪劣口罩的违法行为，可能面临哪些处罚？

口罩等防护用品与抗击疫情和群众生活关系十分密切，在疫情防控期间，生产假冒伪劣的口罩的违法行为具有特殊的危害性，应当依法从重、从快处罚。

根据产品质量法第 50 条的规定，在产品中掺杂、掺假，以假充真，以次充好，或者以不合格产品冒充合格产品的，责令停止生产、销售，没收违法生产、销售的产品，并处违法生产、销售产品货值金额 50% 以上 3 倍以下的罚款；有违法所得的，并处没收违法所得；情节严重的，吊销营业执照；构成犯罪的，依法追究刑事责任。

产品质量法第 53 条规定，伪造产品产地的，伪造或者冒用他人厂名、厂址的，伪造或者冒用认证标志等质量标志的，责令改正，没收违法生产、销售的产品，并处违法生产、销售产品货值金额等值以下的罚款；有违法所得的，并处没收违法所得；情节严重的，吊销营业执照。

此外，根据国家市场监督管理总局 2020 年 2 月 6 日公布的《市场监管总局关于依法从重从快严厉打击新型冠状病毒疫情防控期间违法行为的意见》的有关要求，对于口罩等防护用品制假售假等影响疫情防控的违法行为，要从重、从快处罚，在依法可以选择的处罚种类和处罚幅度内顶格处罚。涉嫌犯罪的，必须坚决移送司法机关依法追究刑事责任。

14. 在疫情防控期间发布虚假违法广告行为的常见方式有哪些？可能面临哪些处罚？

在疫情防控期间，发布虚假违法广告行为的常见方式主要有以下两种：（1）发布含有涉及“新型冠状病毒感染的肺炎预防、治疗、治愈、偏方”等内容的违法广告；（2）发布含有涉及“野生动物及其制品出售、购买、转让”等内容的违法广告。

根据广告法第 55 条第 1 款的规定，违反本法规定，发布虚假广告的，由市场监督管理部门责令停止发布广告，责令广告主在相应范围内消除影响，处广告费用 3 倍以上 5 倍以下的罚款，广告费用无法计算或者明显偏低的，处 20 万元以上 100 万元以下的罚款；2 年内有 3 次以上违法行为或者有其他严重情节的，处广告费用 5 倍以上 10 倍以下的罚款，广告费用无法计算或者明显偏低的，处 100 万元以上 200 万元以下的罚款，可以吊销营业执照，并由广告审查机关撤销广告审查批准文件、1 年内不受理其广告审查申请。根据广告法第 55 条第 3 款的规定，广告经营者、广告发布者明知或者应知广告虚假仍设计、制作、代理、发布的，由市场监督管理部门没收广告费用，并处广告费用 3 倍以上 5 倍以下的罚款，广告费用无法计算或者明显偏低的，处 20 万元以上 100 万元以下的罚款；2 年内有 3 次以上违法行为或者有其他严重情节的，处广告费用5倍以上10倍以下的罚款，广告费用无法计算或者明显偏低的，处100万元以上200万元以下的罚款，并可以由有关部门暂停广告发布业务、吊销营业执照、吊销广告发布登记证件。广告法第55条第4款规定，广告主、广告经营者、广告发布者有本条第1款、第3款规定行为，构成犯罪的，依法追究刑事责任。

值得注意的是，广告主、广告经营者、广告发布者也不得通过网站、APP、微信公众号等各类媒介发布上述虚假违法广告。

15. 在疫情防控期间，禁止野生动物交易活动的法律依据是什么？

通过科学研究发现，此次新型冠状病毒与一种蝙蝠的冠状病毒序列一致性高达96%，但是否存在中间宿主目前还需要研究。禁止野生动物交易，在一定程度上有助于阻断病毒源头，有利于疫情防控。而且，在一定的情形下，禁止野生动物交易有着明确的法律依据。具体规定如下：

传染病防治法第42条规定，传染病暴发、流行时，县级以上地方人民政府应当立即组织力量，按照预防、控制预案进行防治，切断传染病的传播途径，必要时，报经上一级人民政府决定，可以采取控制或者扑杀染疫野生动物、家畜家禽紧急措施并予以公告。

野生动物保护法第18条规定："有关地方人民政府应当采取措施，预防、控制野生动物可能造成的危害，保障人畜安全和农业、林业生产。"第30条规定："禁止生产、经营使用国家重点保护野生动物及其制品制作的食品，或者使用没有合法来源证明的非国家重点保护野生动物及其制品制作的食品。禁止为食用非法购买国家重点保护的野生动物及其制品。"

2020年1月26日发布的《市场监管总局、农业农村部、国家林草局关于禁止野生动物交易的公告》规定："为严防新型冠状病毒感染的肺炎疫情，阻断可能的传染源和传播途径，市场监管总局、农业农村部、国家林草局决定，自本公告发布之日起至全国疫情解除期间，禁止野生动物交易活动。一、各地饲养繁育野生动物场所实施隔离，严禁野生动物对外扩散和转运贩卖。二、各地农（集）贸市场、超市、餐饮单位、电商平台等经营场所，严禁任何形式的野生动物交易活动。……五、消费者要充分认识食用野生动物的健康风险，远离'野味'，健康饮食。"

因此，县级以上人民政府为了保护广大人民群众的身体健康，进一步控制疫情、消灭疫情，可以禁止野生动物交易活动。

16. 在疫情防控期间，禁止娱乐场所营业的法律依据是什么？

2020 年 1 月 20 日，国家卫生健康委员会发布公告，将新型冠状病毒感染的肺炎纳入传染病防治法规定的乙类传染病，并采取甲类传染病的预防、控制措施。

根据传染病防治法第 42 条规定，传染病暴发、流行时，县级以上地方人民政府应当立即组织力量，按照预防、控制预案进行防治，切断传染病的传播途径，必要时，报经上一级人民政府决定，可以采取限制或者停止集市、影剧院演出或者其他人群聚集的活动；封闭可能造成传染病扩散的场所等紧急措施并予以公告。

鉴于新型冠状病毒感染的肺炎的暴发、流行情况和危害程度较为严重，且娱乐场所内的人群较为密集，空间较为封闭，人们感染病毒的危险大大提高。为了保护广大人民群众的身体健康，进一步控制疫情、消灭疫情，县级以上地方人民政府可以禁止娱乐场所在疫情期间营业。

17. 在疫情防控期间，应该如何依法加强管控群体性聚餐活动？其法律依据及主要举措是什么？

突发事件应对法第 49 条规定，公共卫生事件发生后，履行统一领导职责的人民政府，可以采取"中止人员密集的活动或者可能导致危害扩大的生产经营活动以及采取其他保护措施"。

根据传染病防治法第 42 条规定，传染病暴发、流行时，县级以上地方人民政府应当立即组织力量，按照预防、控制预案进行防治，切断传染病的传播途径，必要时，报经上一级人民政府决定，可以采取限制或者停止集市、影剧院演出或者其他人群聚集的活动等紧急措施并予以公告。

据此规定，鉴于新型冠状病毒感染的肺炎的暴发、流行情况和危害程度较为严重，且群体性聚餐活动所涉及的人数较多，人们感染病毒的危险大大提高。为了保护广大人民群众的身体健康，进一步控制疫情、消灭疫情，县级以上地方人民政府可以禁止在疫情防控期间举行群体性聚餐活动。

具体可以采取以下措施：禁止餐饮服务经营者和个人组织承办各类群体性聚餐活动，对于前期已经订餐的，餐饮服务经营者应尽快与订餐单位或个人取得联系，立即取消聚餐活动或延期举办；农村集体聚餐承办者在疫情防控阶段不得承办包括节日宴席、生日宴席、升学宴席等任何形式的农村群体性聚餐活动；要坚决防范从疫情严重地方归来人员组织、参与任何形式的聚餐活动。

18. 在疫情防控期间，可否对群体性聚餐活动进行处罚？

在疫情防控期间，可以对群体性聚餐加强管控，但这是为控制疫情、消灭疫情不得已而为之的举措。新型冠状病毒肺炎疫情，发生时间节点特殊，在中华民族最为重要的传统节日——春节期间发生。众所周知，春节期间，广大群众往往会走亲访友，同时也会为了庆祝节日而参加聚餐，这已然成为中国人民的一项传统。如果贸然在春节期间对所有的群体性聚餐活动进行处罚，既伤害了广大群众的情感，在一定程度上也不利于疫情控制工作的开展。因此，对于群体性聚餐活动，应以宣传、劝导为主，处罚为辅。

2020 年 2 月 7 日，四川省市场监督管理局出台《关于防控新冠病毒疫情特别时期市场监管执法法律适用的指导意见》，对现阶段的群体性聚餐活动提出了操作性较强的监管意见，可供参考。该意见规定：“基层执法应以宣传、劝导为主，处罚为辅。对发起聚餐行为或为聚餐行为提供场所的单位或个人应开展宣传教育活动，对拒不听从市场监管部门劝导强行聚餐的，应现场取得并保存证据，按照突发事件应对法的相关规定依法处理。属于其他部门管辖的，应及时移送有管辖权的部门处理。”

19. 在疫情防控期间，各地市场监管部门如何依法履行市场监管职责？

为了在疫情防控期间，严格监管哄抬物价、价格欺诈等违法行为，更好地保障市场主体经营活动健康有序的开展，国家市场监督管理总局2020年2月6日公布《市场监管总局关于依法从重从快严厉打击新型冠状病毒疫情防控期间违法行为的意见》。根据该意见的有关要求，市场监管部门要从以下五个方面依法履职，进一步做好市场监管工作。

一是助力防控。在疫情防控期间，要集中力量，用好用足法律规定，严厉打击野生动物及其制品非法交易、口罩等防护用品制假售假、哄抬防护用品及制作原材料和粮油肉蛋菜奶等基本民生商品价格等影响疫情防控的违法行为，助力打赢疫情防控阻击战。

二是从重处罚。对涉及疫情防控的违法行为，考虑其特殊危害性，从重处罚。对野生动物及其制品非法交易、口罩等防护用品制假售假等违法行为，在依法可以选择的处罚种类和处罚幅度内顶格处罚。对哄抬防护用品及制作原材料和基本民生商品价格等违法行为，在依法可以选择的处罚种类和处罚幅度内，适用较重、较多的处罚种类或者较高的处罚幅度进行处罚，其中罚款的数额应当在从最低限到最高限这一幅度中较高的30%部分。涉嫌犯罪的，必须坚决移送司法机关依法追究刑事责任。

三是从快办理。在行政执法工作中，对与疫情防控相关的违法案件要优先加快办理。要加快工作节奏，尽力缩短案件办理时间，切实提高办案效率。各省级市场监管部门在不违反法律、行政法规的情况下，可以根据当地疫情防控需要，简化执法和听证程序，压缩办案时限，提高应当进行听证案件的罚款数额下限，积极运用电子送达、在线听取当事人陈述和申辩等简便迅捷的方式。

四是注重协作。市场监管部门内部负责办案、审核、听证的机构应当各司其职、各尽其责，加强协作、密切配合，形成办理案件的合力。市场监管部门应当积极加强与司法机关的沟通与合作，充分运用刑事手段严厉打击与疫情防控有关的违法行为，更好地依法办理与疫情防控有关的违法案件。

五是加强指导。上级市场监管部门应当加强对下级市场监管部门的指导，及时研究解决查处涉及疫情防控案件中遇到的困难和问题。各级市场监管部门应当加强对办案工作的组织领导，积极开展法治宣传，及时公布典型案例，形成对违法分子的有力震慑。

20. 在疫情防控期间，哪些领域需要重点监管？

为进一步强化疫情防控期间的市场监管工作，需要在以下七大重点领域进一步加强市场监管，确保市场秩序稳定。

一是加强重点场所监管。突出对农（集）贸市场、花鸟鱼虫市场、宠物交易市场、超市等重点场所开展检查整治，严禁任何形式的野生动物交易活动。进一步督促市场开办者落实第一责任人主体责任，严禁活禽销售，做好农（集）贸市场的通风、换气管理，做到每日清洗消毒。

二是加强市场价格监管。密切关注相关医药用品市场价格和粮油菜肉蛋奶等生活必需品价格波动情况，有针对性地做好相关药品、卫生用品及群众生活必需品的价格监督检查工作。对趁机跟风涨价、哄抬价格、不明码标价、相互串通操纵市场价格等扰乱市场秩序的价格违法行为，要从严从重从快立案查处。

三是加强电商平台监管。督促电子商务平台经营者严格履行第一责任人主体责任，落实好禁止野生动物交易的最新要求，针对相关平台内经营者，主动开展排查、梳理，严禁任何形式的野生动物交易活动。督促网络餐饮服务第三方平台加强对入网餐饮服务提供者和送餐人员的监督管理，严格对餐饮食品进行包装，保证配送容器每天清洁消毒、餐饮具卫生安全及送餐人员个人卫生，确保送餐过程中食品不受污染，从严从速查处不履行电子商务平台经营者法定责任的违法违规行为。

四是加强食品安全监管。督促超市、餐饮单位等经营场所严禁活禽与野生动物的销售和加工，督促食品经营单位对相关设备设施、场所地面等进行定期消毒，严格做好从业人员岗前检查，一旦发现员工有发热、感冒、咳嗽等呼吸道感染症状，应立即停止工作、及时处置。加强疫情防控期间对农村集体聚餐活动的引导工作，暂停在家宴中心、固定操办场所、临时搭建棚内等开展集体聚餐活动。

五是加强质量安全监管。加强药品、医疗器材等相关防疫用品的质量监管，严厉查处相关防疫用品企业制假售假的违法行为，坚决杜绝质量不合格产品流入市场，确保疫情防控用品安全。加强计量检测，全力保障防控单位红外测温仪、体温筛查仪、耳温计、额温计等计量器具的检测需求，确保器具质量。

六是加强广告监管。认真开展广告监测和排查，严禁发布出售、购买、转让野生动物及制品广告，严禁发布含有“新型冠状病毒感染的肺炎疫情预防、治疗、治愈、偏方”等内容的虚假违法广告。

七是加强消费维权。进一步畅通投诉举报途径，保证 12315 投诉举报电话的接通率和受理率，对群众举报的违法违规交易野生动物、价格违法、制假售假等行为要及时核查，依法从快处理。强化消费者教育宣传，引导消费者充分认识食用野生动物的健康风险。

/第五章/

劳动用工和劳动关系

1. 企业能否以求职者来自疫情严重省份为由拒绝招录?

在疫情防控中，企业不能以求职者来自疫情严重省份为由拒绝招录，企业不得实施任何就业歧视行为。

宪法第 42 条第 1 款规定中华人民共和国公民有劳动的权利和义务。劳动法第 3 条规定劳动者享有平等就业和选择职业的权利。劳动法第 12 条和就业促进法第 3 条第 2 款都规定了："劳动者就业，不因民族、种族、性别、宗教信仰等不同而受歧视。"就业促进法第 26 条规定："用人单位招用人员、职业中介机构从事职业中介活动，应当向劳动者提供平等的就业机会和公平的就业条件，不得实施就业歧视。"传染病防治法第 16 条第 1 款也明确规定："国家和社会应当关心、帮助传染病病人、病原携带者和疑似传染病病人，使其得到及时救治。任何单位和个人不得歧视传染病病人、病原携带者和疑似传染病病人。"据此，劳动者享有平等的就业权利，任何企业不能以任何理由歧视劳动者就业。

根据就业促进法第 62 条的规定："违反本法规定，实施就业歧视的，劳动者可以向人民法院提起诉讼。"如果企业以求职者来自疫情严重省份为由拒绝招录的，求职者可以向人民法院提起诉讼。

2. 企业能否拒绝新型冠状病毒肺炎愈后职工返岗工作?

企业不得拒绝新型冠状病毒肺炎已经痊愈的职工返岗工作。

传染病防治法第 16 条明确规定："国家和社会应当关心、帮助传染病病人、病原携带者和疑似传染病病人，使其得到及时救治。任何单位和个人不得歧视传染病病人、病原携带者和疑似传染病病人。传染病病人、病原携带者和疑似传染病病人，在治愈前或者在排除传染病嫌疑前，不得从事法律、行政法规和国务院卫生行政部门规定禁止从事的易使该传染病扩散的工作。"就业促进法第 30 条也明确规定："用人单位招用人员，不得以是传染病病原携带者为由拒绝录用。但是，经医学鉴定传染病病原携带者在治愈前或者排除传染嫌疑前，不得从事法律、行政法规和国务院卫生行政部门规定禁止从事的易使传染病扩散的工作。"

据此，即使是患有新型冠状病毒肺炎感染的职工，仅仅是在治愈前或者在排除传染病嫌疑前，不得从事法律、行政法规和国务院卫生行政部门规定禁止从事的易使该传染病扩散的工作。举重以明轻，痊愈后的职工自然可以返岗工作。

3. 疫情防控期间，企业能否与感染新型冠状病毒肺炎的职工解除劳动合同?

在疫情防控期间，企业不得以此为由解除劳动合同。

近期，受疫情影响，部分企业面临较大的生产经营压力，可能会采取裁员的方式来降低成本，职工面临失业、收入减少等风险。但是，企业以职工感染新型冠状病毒肺炎为由解除劳动合同的，是违法行为。

虽然劳动合同法第 40 条和 41 条规定了企业可以解除劳动合同的情形。但同时，劳动合同法第 42 条对企业解除劳动合同的权利予以限制，明确规定劳动者患病或者非因工负伤，在规定的医疗期内的，用人单位不得依照该法有关的规定解除劳动合同。

2020 年 1 月 24 日发布的《人力资源社会保障部办公厅关于妥善处理新型冠状病毒感染的肺炎疫情防控期间劳动关系问题的通知》明确指出，"对新型冠状病毒感染的肺炎患者、疑似病人、密切接触者在其隔离治疗期间或医学观察期间以及因政府实施隔离措施或采取其他紧急措施导致不能提供正常劳动的企业职工，企业应当支付职工在此期间的工作报酬，并不得依据劳动合同法第四十条、四十一条与职工解除劳动合同”。2020年2月7日，人力资源和社会保障部等部门联合下发的《关于做好新型冠状病毒感染肺炎疫情防控期间稳定劳动关系支持企业复工复产的意见》明确要求，“在疫情防控期间，要指导企业全面了解职工被实施隔离措施或政府采取的紧急措施情况，要求企业不得在此期间解除受相关措施影响不能提供正常劳动职工的劳动合同或退回被派遣劳动者”。

因此，在疫情防控期间，企业不能以职工感染新型冠状病毒肺炎为由解除劳动合同。

4. 企业能否以职工故意传播新型冠状病毒感染的肺炎病原体为由解除劳动合同?

如果职工故意传播新型冠状病毒感染的肺炎病原体的行为构成犯罪，依法被追究刑事责任的，企业可以与其解除劳动合同。

2020年2月6日，最高人民法院等4部门联合制定印发了《关于依法惩治妨害新型冠状病毒感染肺炎疫情防控违法犯罪的意见》，该意见规定，故意传播新型冠状病毒感染肺炎病原体，具有下列情形之一，危害公共安全的，依照刑法第114条、第115条第1款的规定，以以危险方法危害公共安全罪定罪处罚：（1）已经确诊的新型冠状病毒感染肺炎病人、病原携带者，拒绝隔离治疗或者隔离期未满擅自脱离隔离治疗，并进入公共场所或者公共交通工具的；（2）新型冠状病毒感染肺炎疑似病人拒绝隔离治疗或者隔离期未满擅自脱离隔离治疗，并进入公共场所或者公共交通工具，造成新型冠状病毒传播的。据此，职工故意传播新型冠状病毒感染肺炎病原体，有可能会构成犯罪，面临刑事处罚。

劳动合同法第39条规定，当劳动者被依法追究刑事责任的，用人单位可以解除劳动合同。

5. 劳动合同在疫情期间到期的，该如何处理？

对于普通职工而言，其劳动合同在疫情期间到期的，职工和企业可以选择终止劳动合同或者续签劳动合同。对于职工因感染、疑似感染或密切接触新型冠状病毒在隔离治疗期间或医学观察期间，政府实施隔离措施或采取其他紧急措施期间劳动合同到期的，劳动合同分别顺延至医学观察期期满、隔离期期满或者政府采取的紧急措施结束。

劳动合同法第 44 条规定，劳动合同期满的，劳动合同终止。但是，鉴于此次疫情给经济发展和就业工作带来的冲击，为了妥善处理好疫情防控期间劳动关系问题，促进劳动关系和谐稳定，2020 年 1 月 24 日下发的《人力资源社会保障部办公厅关于妥善处理新型冠状病毒感染的肺炎疫情防控期间劳动关系问题的通知》明确规定，在疫情期间，对新型冠状病毒感染的肺炎患者、疑似病人、密切接触者在其隔离治疗期间或医学观察期间以及因政府实施隔离措施或采取其他紧急措施导致不能提供正常劳动的企业职工，劳动合同到期的，分别顺延至职工医疗期期满、医学观察期期满、隔离期期满或者政府采取的紧急措施结束。

具体情形下，劳动合同到期日应调整为：

（1）职工被直接采取隔离治疗措施的，劳动合同到期日顺延至“隔离期结束之日”。

（2）职工被采取医学观察措施后未被确诊为新型冠状病毒肺炎患者的，劳动合同到期日顺延至“医学观察期结束之日”。

（3）职工先被采取医学观察措施，后又被确诊为患者采取隔离治疗措施的，劳动合同到期日顺延至“隔离期结束之日”。

（4）职工未患新型冠状病毒肺炎也未被采取医学观察或隔离治疗措施，只是被当地人民政府限制出行的，劳动合同到期日顺延至“当地人民政府宣布解除禁行措施之日”。

6. 企业因疫情影响导致生产经营困难的，可否进行裁员？

受疫情影响导致生产困难的企业，应尽量不裁员或少裁员。

原则上，企业享有自主经营权，是否裁员由企业自主决定。就业促进法第8条规定，用人单位依法享有自主用人的权利。劳动合同法第41条规定了企业可以进行经济性裁员的情形，其中一项便是“生产经营发生严重困难的”。但是，受新型冠状病毒感染肺炎疫情影响，部分企业面临较大的生产经营压力，职工面临待岗、失业、收入减少等风险，劳动关系不稳定性增加，劳动关系矛盾逐步凸显。在这种特殊的困难时期，企业应主动承担社会责任，为稳定疫情防控期间劳动关系积极作出贡献，应尽量不裁员或少裁员，以便与职工一道面对困难，共同抵御疫情给生产造成的冲击。

国家有关部门也发布了相关文件，倡议企业在疫情防控期间不因生产经营困难而裁员，并对企业进行一定的政策鼓励。2020年1月24日发布的《人力资源社会保障部办公厅关于妥善处理新型冠状病毒感染的肺炎疫情防控期间劳动关系问题的通知》明确指出，“企业因受疫情影响导致生产经营困难的，可以通过与职工协商一致采取调整薪酬、轮岗轮休、缩短工时等方式稳定工作岗位，尽量不裁员或者少裁员。符合条件的企业，可按规定享受稳岗补贴”。

7. 因疫情防控导致停工停产的企业，如何支付职工工资？

企业停工停产在一个工资支付周期内的，企业应按劳动合同规定的标准支付职工工资。超过一个工资支付周期的，若职工提供了正常劳动，企业支付给职工的工资不得低于当地最低工资标准；职工没有提供正常劳动的，企业应当发放生活费。

根据《工资支付暂行规定》第12条规定：“非因劳动者原因造成单位停工、停产在一个工资支付周期内的，用人单位应按劳动合同规定的标准支付劳动者工资。超过一个工资支付周期的，若劳动者提供了正常劳动，则支付给劳动者的劳动报酬不得低于当地的最低工资标准；若劳动者没有提供正常劳动，应按国家有关规定办理。”

2020 年 1 月 24 日发布的《人力资源社会保障部办公厅关于妥善处理新型冠状病毒感染的肺炎疫情防控期间劳动关系问题的通知》规定，“企业停工停产在一个工资支付周期内的，企业应按劳动合同规定的标准支付职工工资。超过一个工资支付周期的，若职工提供了正常劳动，企业支付给职工的工资不得低于当地最低工资标准。职工没有提供正常劳动的，企业应当发放生活费，生活费标准按各省、自治区、直辖市规定的办法执行”。

因此，企业因受疫情等影响导致停工停产的，须根据职工的实际劳动情况确定工资的支付标准，不可一概而论。企业不得以疫情期间停产停工为由拒绝向职工支付工资。

8. 职工因交通管制不能及时返岗劳动的，工资如何支付？

职工因交通管制不能及时返岗劳动的，视同正常出勤，应按照原工资标准支付。

在疫情防控期间，为严格控制传染源，有效防止传染病大面积扩散，武汉市暂停了全城的城市交通，实施人员进出管控措施；其他一些地方也采取了封城、暂停省际道路客运班线等一系列举措，这在客观上导致部分职工因交通管制不能及时返岗劳动。

根据 2020 年 1 月 24 日下发的《人力资源社会保障部办公厅关于妥善处理新型冠状病毒感染的肺炎疫情防控期间劳动关系问题的通知》规定，“对新型冠状病毒感染的肺炎患者、疑似病人、密切接触者在其隔离治疗期间或医学观察期间以及因政府实施隔离措施或采取其他紧急措施导致不能提供正常劳动的企业职工，企业应当支付职工在此期间的工作报酬”。

某些地方实施的交通管制属于该意见规定的“其他紧急措施”，并由此导致职工不能提供正常劳动，企业应当支付职工在此期间的工资。

9. 因隔离措施导致职工不能提供正常劳动，工资如何支付?

企业应支付在此期间的工资。

传染病防治法第41条规定，对已经发生甲类传染病病例的场所或者该场所内的特定区域的人员，所在地的县级以上地方人民政府可以实施隔离措施，被隔离人员有工作单位的，所在单位不得停止支付其隔离期间的工作报酬。

2020年1月24日下发的《人力资源社会保障部办公厅关于妥善处理新型冠状病毒感染的肺炎疫情防控期间劳动关系问题的通知》规定，对新型冠状病毒感染的肺炎患者、疑似病人、密切接触者因政府实施隔离措施或采取其他紧急措施导致不能提供正常劳动的企业职工，企业应当支付职工在此期间的工作报酬。2020年2月7日，人力资源和社会保障部等联合下发的《关于做好新型冠状病毒感染肺炎疫情防控期间稳定劳动关系支持企业复工复产的意见》规定，“对因依法被隔离导致不能提供正常劳动的职工，要指导企业按正常劳动支付其工资；隔离期结束后，对仍需停止工作进行治疗的职工，按医疗期有关规定支付工资”。

因此，因隔离措施导致不能提供正常劳动的职工，企业须正常支付其工资。

10. 职工被确诊患有新型冠状病毒肺炎的，工资如何支付?

职工在确诊患有新型冠状病毒肺炎治疗期间，应支付在此期间的工资。

2020年1月24日下发的《人力资源社会保障部办公厅关于妥善处理新型冠状病毒感染的肺炎疫情防控期间劳动关系问题的通知》规定，“对新型冠状病毒感染的肺炎患者、疑似病人、密切接触者在其隔离治疗期间或医学观察期间以及因政府实施隔离措施或采取其他紧急措施导致不能提供正常劳动的企业职工，企业应当支付职工在此期间的工作报酬”。

11. 因疫情防控在春节延长假期期间不能休假的职工，工资如何支付？

对在春节延长假期期间因疫情防控不能休假的职工，指导企业应先安排补休，对不能安排补休的，依法支付加班工资。

2020 年 1 月 26 日下发的《国务院办公厅关于延长 2020 年春节假期的通知》将 2020 年春节假期延长至 2 月 2 日，延长的 3 天假期为 1 月 31 日、2 月 1 日、2 月 2 日，其性质为休息日。在这 3 天的延长假期期间不能休假的职工，应根据《中华人民共和国劳动法》规定安排补休，未休假期的工资报酬应按照有关政策保障落实。

根据劳动法第 44 条的规定，用人单位休息日安排劳动者工作又不能安排补休的，支付不低于工资的 200% 的工资报酬。

12. 执行工作任务出差的职工因疫情未能及时返岗期间，工资如何支付？

按照正常工作期间工资标准支付。

职工因工作出差，由于疫情而不能及时返岗，并非是职工故意旷工，而是属于工作原因导致的，应当按照正常标准来支付工资。虽然有关法律对此未作明文规定，但部分省市对此则作了明确规定。如北京市《关于做好疫情防控期间维护劳动关系稳定有关问题的通知》规定，“执行工作任务的出差职工，因疫情未能及时返京期间的工资待遇由所属企业按正常工作期间工资支付”。

13. 从重点疫区返回工作地的职工，企业能否要求其自行隔离，自行隔离期间工资如何支付？

企业并没有权利要求从重点疫区返岗工作的职工自行隔离。如果职工与企业协商达成一致，职工自行隔离，该隔离期间是否支付工资以及工资的支付标准由职工与企业协商决定。

传染病防治法第 41 条所规定的隔离措施是由县级以上地方人

民政府实施的，其实施对象是已经发生甲类传染病病例的场所或者该场所内的特定区域的人员。法律未授予企业对患有新型冠状病毒肺炎的职工进行隔离的权利。

劳动法第 3 条规定，劳动者享有获得劳动安全卫生保护的权利，该法第 54 条规定，用人单位必须为劳动者提供符合国家规定的劳动安全卫生条件。在疫情暴发期间，企业主动要求从重点疫区返岗工作的职工自行隔离并非是出于地域歧视，而是为了保障职工的身体健康和生命安全不得已而为之的无奈之举，是在履行法定的义务，确保职工享有法律规定的权利，是值得肯定的。企业与职工就自行隔离达成一致的，对于隔离期间的工资支付标准由企业与职工双方协商决定，既可以约定按照正常出勤工资支付，也可以约定按照事（病）假工资支付，还可以约定不支付工资。

14. 受疫情影响的企业资金困难，能否延后发工资？

如果受疫情影响的企业资金困难，可以延后发工资。

2020 年 2 月 7 日，人力资源和社会保障部等部门联合下发的《关于做好新型冠状病毒感染肺炎疫情防控期间稳定劳动关系支持企业复工复产的意见》规定，“对受疫情影响导致企业生产经营困难的，鼓励企业通过协商民主程序与职工协商采取调整薪酬、轮岗轮休、缩短工时等方式稳定工作岗位；对暂无工资支付能力的，要引导企业与工会或职工代表协商延期支付，帮助企业减轻资金周转压力”。

劳动法第 50 条规定：工资应当以货币形式按月支付给劳动者本人，不得克扣或者无故拖欠劳动者的工资。原劳动部制定的《对〈工资支付暂行规定〉有关问题的补充规定》第 4 条对于“无故拖欠”一词进一步作了解释说明：“无故拖欠”不包括“用人单位遇到非人力所能抗拒的自然灾害、战争等原因，无法按时支付工资”。

因此，在疫情防控期间，因受疫情影响致使企业资金困难，用人单位可以延期发放工资。

15. 职工在工作期间感染新型冠状病毒肺炎，能否认定为工伤?

职工在工作期间感染新型冠状病毒肺炎，是否能认定为工伤，须区分染病原因。如果是医护及相关工作人员因履行工作职责，感染新型冠状病毒肺炎，则可认定为工伤。除上述以外人员，原则上不能认定为工伤。

根据2020年1月23日制定的《人力资源社会保障部、财政部、国家卫生健康委关于因履行工作职责感染新型冠状病毒肺炎的医护及相关工作人员有关保障问题的通知》的规定，在新型冠状病毒肺炎预防和救治工作中，医护及相关工作人员因履行工作职责，感染新型冠状病毒肺炎或因感染新型冠状病毒肺炎死亡的，应认定为工伤，依法享受工伤保险待遇。

《工伤保险条例》第14条详细规定了应当认定为工伤的情形：（1）在工作时间和工作场所内，因工作原因受到事故伤害的；（2）工作时间前后在工作场所内，从事与工作有关的预备性或者收尾性工作受到事故伤害的；（3）在工作时间和工作场所内，因履行工作职责受到暴力等意外伤害的；（4）患职业病的；（5）因工外出期间，由于工作原因受到伤害或者发生事故下落不明的；（6）在上下班途中，受到非本人主要责任的交通事故或者城市轨道交通、客运轮渡、火车事故伤害的；（7）法律、行政法规规定应当认定为工伤的其他情形。该条例第15条规定了视同工伤工伤的情形：（1）在工作时间和工作岗位，突发疾病死亡或者在48小时之内经抢救无效死亡的；（2）在抢险救灾等维护国家利益、公共利益活动中受到伤害的；（3）职工原在军队服役，因战、因公负伤致残，已取得革命伤残军人证，到用人单位后旧伤复发的。据《工伤保险条例》上述有关规定，非医护及相关工作人员在工作期间感染新型冠状病毒肺炎，不能被认定为工伤。

16. 职工在上下班途中感染新型冠状病毒肺炎，能否认定为工伤？

不能被认定为工伤。

根据《工伤保险条例》第 14 条的规定，在上下班途中，受到非本人主要责任的交通事故或者城市轨道交通、客运轮渡、火车事故伤害的属于工伤。而职工在上下班途中感染新型冠状病毒肺炎，并非是受到非本人主要责任的交通事故或者城市轨道交通、客运轮渡、火车事故伤害，故不能被认定为工伤。

17. 因公出差的职工感染新型冠状病毒肺炎，能否认定为工伤？

原则上不能被认定为工伤。但是，各地对这一问题的处理并不统一。

认定工伤和视同工伤的具体情形由《工伤保险条例》以及地方性法规加以规定，地方性法规对此有特别规定的，实践中可以适用特别规定。例如，《广东省工伤保险条例》第 10 条规定，职工由用人单位指派前往依法宣布为疫区的地方工作而感染疫病的，视同工伤。

因此，对于因公出差的职工感染新型冠状病毒肺炎，建议企业及时为其申请工伤认定，以期最大程度地维护职工权益。

18. 职工被确诊患新型冠状病毒肺炎，企业是否需要支付医疗费用？

具体根据缴纳社保情况确认，如果企业已经依法为职工缴纳基本医疗保险的，企业无须支付医疗费用。

国家医疗保障局、财政部联合印发的《国家医疗保障局、财政部关于做好新型冠状病毒感染的肺炎疫情医疗保障的紧急通知》要求，各地医保及财政部门要确保确诊新型冠状病毒感染的肺炎患者不因费用问题影响就医，确保收治医院不因支付政策影响救治。一是对于确诊新型冠状病毒感染的肺炎患者发生的医疗费用，在基本医保、大病保险、医疗救助等按规定支付后，个人负担部分由财政给予补助，实施综合保障。二是对于确诊新型冠状病毒感染的肺炎的异地就医患者，先救治后结算，报销不执行异地转外就医支付比例调减规定。三是确诊新型冠状病毒感染的肺炎患者使用的药品和医疗服务项目，符合卫生健康部门制定的新型冠状病毒感染的肺炎诊疗方案的，可临时性纳入医保基金支付范围。

19. 职工感染新型冠状病毒，其医疗期如何计算?

职工感染新型冠状病毒时，其医疗期为 3 个月到 24 个月。

根据原劳动部制定的《企业职工患病或非因工负伤医疗期规定》，企业职工因患病或非因工负伤，需要停止工作医疗时，根据本人实际参加工作年限和在本单位工作年限，给予 3 个月到 24 个月的医疗期：（1）实际工作年限 10 年以下的，在本单位工作年限 5 年以下的为 3 个月；5 年以上的为 6 个月。（2）实际工作年限 10 年以上的，在本单位工作年限 5 年以下的为 6 个月；5 年以上 10 年以下的为 9 个月；10 年以上 15 年以下的为 12 个月；15 年以上 20 年以下的为 18 个月；20 年以上的为 24 个月。

因此，职工感染新型冠状病毒的，根据本人实际参加工作年限和在本单位工作年限，享受 3 个月到 24 个月的医疗期。

20. 职工因新型冠状病毒感染的肺炎被隔离期间或是被治疗期间，计算在医疗期内吗?

职工因新型冠状病毒感染的肺炎被隔离期间或是被治疗期间，不计算在医疗期内。

《企业职工患病或非因工负伤医疗期规定》第 2 条规定：“医疗期是指企业职工因患病或非因工负伤停止工作治病休息不得解除劳动合同的时限。”

2020 年 1 月 20 日，国家卫生健康委员会发布公告，将新型冠状病毒感染的肺炎纳入传染病防治法规定的乙类传染病，并采取甲类传染病的预防、控制措施。根据传染病防治法第 39 条的规定，医疗机构发现甲类传染病时，应当对病人、病原携带者，予以隔离治疗，隔离期限根据医学检查结果确定。根据《中华人民共和国传染病防治法释义》的解释："隔离治疗是将传染期内的病人、病原携带者安排在不可能传染给他人的环境里进行治疗，以防止病原体播散。实行隔离治疗有利于病人、病原携带者集中医治，充分利用卫生资源，使其尽早治愈和康复；有利于阻断传播途径，保护他人身体健康，免受传染病感染；有利于对被传染病病原体污染的场所、物品以及医疗废物实施消毒和无害化处置。简言之，有利于疫情及时得到有效控制。"

《人力资源社会保障部办公厅关于妥善处理新型冠状病毒感染的肺炎疫情防控期间劳动关系问题的通知》明确要求，对新型冠状病毒感染的肺炎患者、疑似病人、密切接触者在其隔离治疗期间或医学观察期间以及因政府实施隔离措施或采取其他紧急措施导致不能提供正常劳动的企业职工，企业不得依据劳动合同法第 40 条、第 41 条与职工解除劳动合同。

由此可知，《企业职工患病或非因工负伤医疗期规定》所规定的"医疗期"与传染病防治法规定的"隔离治疗""隔离期限"性质完全不一样，前者是为了为了保障职工在患病或非因工负伤期间的合法权益而对企业解除劳动合同权利的一种限制；后者则是为了及时有效控制疫情而采取的一种控制措施。

综上所述，新型冠状病毒肺炎患者所经历的隔离期间或医学观察期间，不属于医疗期。

21. "延迟复工令"是强制的吗，企业未遵循是否违法？将承担何种责任？

"延迟复工令"是法律授权地方政府实施的紧急措施，必须强制执行，否则企业可能面临通报批评、治安处罚等法律责任。

“延迟复工令”的法律依据是传染病防治法和突发事件应对法。其中，传染病防治法第 42 条规定，传染病暴发、流行时，县级以上地方人民政府在必要时，报经上一级人民政府决定，可以采取停工、停业、停课等紧急措施。突发事件应对法第 49 条规定，公共卫生事件发生后，履行统一领导职责的人民政府可以采取中止可能导致危害扩大的生产经营活动等保护措施。

延期复工是为了阻断疫情进一步传播、更好保障人民群众身体健康和生命安全的强制性措施，企业拒不执行，可能会承担相应的法律责任，具体规定如下：

（1）传染病防治法第 77 条规定，单位和个人违反本法规定，导致传染病传播、流行，给他人人身、财产造成损害的，应当依法承担民事责任。

（2）传染病防治法实施办法第 70 条规定，传染病暴发、流行时，妨碍或者拒绝执行政府采取紧急措施的，县级以上政府卫生行政部门报请同级政府批准，对单位予以通报批评；对主管人员和直接责任人员由所在单位或者上级机关给予行政处分。

（3）突发事件应对法第 66 条规定，单位或者个人违反本法规定，不服从所在地人民政府及其有关部门发布的决定、命令或者不配合其依法采取的措施，构成违反治安管理行为的，由公安机关依法给予处罚。

（4）治安管理处罚法第 50 条规定，拒不执行人民政府在紧急状态情况下依法发布的决定、命令的，处警告或者 200 元以下罚款；情节严重的，处 5 日以上 10 日以下拘留，可以并处 500 元以下罚款。

22. 疫情防控期间，职工因防控措施等客观原因无法按时返岗复工，是否属于旷工？在该情况下，企业该如何处理？

职工因防控措施等客观原因，无法按时返岗复工，不属于旷工。在该情况下，企业应与员工进行协商，优先安排员工休法定年休假，如果企业有福利年休假或者员工有倒休的，可以安排福利年休假或倒休。

旷工是指除有不可抗拒的因素影响，职工无法履行请假手续情况外，职工不按规定履行请假手续，又不按时出勤。通常是指无正当理由缺勤行为，一般包括以下情形：（1）未履行请假手续或请假未获批准而擅自离开工作岗位的；（2）请假期满，不续假或续假未获批准而逾期不归；（3）不服从合理的工作安排，不按时到安排的工作岗位工作的。疫情防控期间，职工因防控措施等客观原因无法按时返岗复工，并非是故意违法企业内部管理制度，不属于旷工。

带薪年休假是劳动者连续工作满 1 年后每年依法享有的保留职务和工资的一定期限连续休息的假期。劳动法第 45 条第 1 款规定，国家实行带薪年休假制度。2007 年国务院颁布的《职工带薪年休假条例》明确规定，机关、团体、企业、事业单位、民办非企业单位、有雇工的个体工商户等单位的职工连续工作 1 年以上的，享受带薪年休假。职工累计工作已满 1 年不满 10 年的，年休假 5 天；已满 10 年不满 20 年的，年休假 10 天；已满 20 年的，年休假 15 天。此外，有些企业规定了福利年休假或者员工有倒休。在疫情防控期间，职工因防控措施等客观原因无法按时返岗复工情况下，企业优先安排员工休法定年休假，如果企业有福利年休假或者员工有倒休的，可以安排福利年休假或倒休。

23. 疫情防控期间，企业为了保证职工身体健康、生命安全，可否让职工以居家办公或者休年休假等方式推迟返岗工作的时间？

在双方协商一致的前提下职工可以居家办公，也可以请事假、病假、休年休假；或者协商待岗，劳动关系中止。

此次新型冠状病毒肺炎传播力较强，部分患者仅表现为低热、轻微乏力等，无肺炎症状，无症状感染者也可能成为传染源。而一般的企业很难、甚至无力辨别职工是否有可能部感染新型冠状病毒肺炎，企业为了职工的身体健康、生命安全考虑，拒绝职工返岗复工，是为职工健康、安全考虑的一种人性化做法，也符合劳动法第54条中“用人单位必须为劳动者提供符合国家规定的劳动安全卫生条件”的规定，值得肯定。

在这种情况下，企业与职工协商一致，可采取如下方式处理：(1) 职工可以居家办公；(2) 职工可以请事假；(3) 职工可以请病假；(4) 可以安排职工休年休假。

此外，虽然劳动合同法对待岗和劳动合同中止没有作出规定，但实务中已经大量存在。当企业与职工协商一致的情况下，企业也可以安排职工待岗或中止劳动合同。

值得注意的是，上述不同的选择会对工资收入造成不同的影响，职工要根据自身的实际情况谨慎作出决定。

24. 企业发现职工有新型冠状病毒肺炎疑似症状，却仍坚持上班并拒绝去指定医疗机构诊治的，企业可否解除劳动合同？

职工有新型冠状病毒肺炎疑似症状却仍坚持上班并拒不诊治的，如果构成犯罪的，企业可以解除劳动合同。

2020年2月6日，最高人民法院、最高人民检察院、公安部、司法部联合制定印发了《最高人民法院、最高人民检察院、公安部、司法部关于依法惩治妨害新型冠状病毒感染肺炎疫情防控违法犯罪的意见》，意见明确规定，新型冠状病毒感染肺炎疑似病人拒绝隔离治疗或者隔离期未满擅自脱离隔离治疗，并进入公共场所或者公共交通工具，造成新型冠状病毒传播的，以以危险方法危害公共安全罪定罪处罚。职工如有新型冠状病毒肺炎疑似症状，应去医疗机构检查是否患有新型冠状病毒感染肺炎，在确认没有患有新型冠状病毒感染肺炎后方可正常工作。如果职工有疑似症状拒绝诊治且坚持去单位上班，符合上述意见规定的“新型冠状病毒感染肺炎疑似病人拒绝隔离治疗，并进入公共场所”，如果造成新型冠状病毒传播的，就极有可能构成以危险方法危害公共安全罪。根据劳动合同法第39条的规定，劳动者被依法追究刑事责任的，用人单位可以解除劳动合同。

因此，当职工有新型冠状病毒肺炎疑似症状却仍坚持上班并拒不诊治的，构成以危险方法危害公共安全罪，企业可以解除劳动合同。

25. 职工以担心感染新型冠状病毒肺炎为由拒绝复工的，企业应当如何处理？

企业可以根据实际情况调整用工方式，不建议其径直与职工解除劳动合同。

职工以担心感染新型冠状病毒肺炎为由，未按时返回复工的，企业应从社会责任、人性化管理和职工流失成本等角度综合考虑，根据实际情况采取灵活安排工作时间办法调整用工方式，安排其申请病假、事假等手续或安排其休年休假；有条件的企业可安排职工在家办公，并视为正常出勤，依法支付职工工资；职工不同意休假安排或不适宜安排其复工的，双方可在协商一致的基础上签订待岗协议、劳动关系中止协议或变更劳动合同，约定待岗劳动关系中止期间工资待遇、社会保险缴费和工龄计算等事项；企业也可与职工协商解除劳动关系。双方无法协商一致的，根据企业规章制度依法依规处理。

26. 新型冠状病毒感染的肺炎患者或疑似患者的工作范围是否受限制？

根据法律规定，新型冠状病毒感染的肺炎患者或疑似患者的工作范围受到限制。

传染病防治法第16条第2款规定，传染病病人、病原携带者和疑似传染病病人，在治愈前或者在排除传染病嫌疑前，不得从事法律、行政法规和国务院卫生行政部门规定禁止从事的易使该传染病扩散的工作。

由于新型冠状病毒感染的肺炎具有较强的传播力，新型冠状病毒肺炎病人及疑似病人在治愈或排除新型冠状病毒感染的肺炎确诊以前，应当接受隔离治疗或观察，不得从事工作。

27. 各地政府政策就复工要求规定不一，多地用工的企业应该如何操作？

原则上以劳动合同履行地的有关规定为准，除非企业注册地的标准高于劳动合同履行地的标准，而且企业与职工约定按照企业注册地的有关规定执行的。

劳动合同法实施条例第 14 条规定："劳动合同履行地与用人单位注册地不一致的，有关劳动者的最低工资标准、劳动保护、劳动条件、职业危害防护和本地区上年度职工月平均工资标准等事项，按照劳动合同履行地的有关规定执行；用人单位注册地的有关标准高于劳动合同履行地的有关标准，且用人单位与劳动者约定按照用人单位注册地的有关规定执行的，从其约定。"

因此，企业应当严格遵守当地政策安排复工，以大局为重，不得违反政府规定强行复工。除非企业注册地的标准高于劳动合同履行地的标准，且企业与职工约定按照用人单位注册地的有关规定执行的。否则，一方面不容易取得员工理解和支持，另一方面，如果一旦发生员工感染，用人单位及其负责人将会面临承担法律责任的风险。

28.《国务院办公厅关于延长 2020 年春节假期的通知》规定 2020 年春节假期延长 3 天，这 3 天是否属于法定节假日？

该通知规定的 2020 年春节假期延长的 3 天，不属于法定节假日。

虽然《国务院办公厅关于延长 2020 年春节假期的通知》使用"延长 2020 年春节假期"，以及"不能休假"的表述，延长的 3 天假期似乎应该属于法定节假日。但根据《全国年节及纪念日放假办法》第 2 条的规定，目前我国的全体公民法定节假日共 11 天，其中，春节为全部公民放假的节日，放假 3 天（农历正月初一、初二、初三）。此次延长的 3 天春节假期并不是法定的全部公民放假的节日，因此，并不属于法定节假日。

29. 2020 年春节假期延长 3 天而职工未休的，应如何处理？

2020 年春节假期延长 3 天而职工未休的，企业对此应安排补休；不能安排补休的，按职工工资的 200% 支付加班工资报酬。

根据《国务院办公厅关于延长 2020 年春节假期的通知》第 3 条规定，因疫情防控不能休假的职工，应根据《中华人民共和国劳动法》规定安排补休，未休假期的工资报酬应按照有关政策保障落实。劳动法第 44 条规定，休息日安排劳动者工作又不能安排补休的，用人单位应当向劳动者支付不低于工资的 200% 的工资报酬。

30. 企业在疫情防控期间可否安排职工加班？

根据法律规定，企业可以安排职工加班。但须注意的是，企业基于不同理由要求职工加班的，职工的加班时长是不同的。具体情形如下：

第一种情形，如果企业由于生产经营需要而安排职工加班的，加班时间受到限制。根据劳动法第 41 条规定，用人单位经与工会和劳动者协商后可以延长工作时间，一般每日不得超过 1 小时；因特殊原因需要延长工作时间的，在保障劳动者身体健康的条件下延长工作时间每日不得超过 3 小时，但是每月不得超过 36 小时。

第二种情形，如果企业因疫情防控需要而安排职工加班的，加班时间则不受限制。根据劳动法第 42 条规定，出现以下特殊情形的，用人单位可以延长劳动者工作时间：（1）发生自然灾害、事故或者因其他原因，威胁劳动者生命健康和财产安全，需要紧急处理的；（2）生产设备、交通运输线路、公共设施发生故障，影响生产和公众利益，必须及时抢修的；（3）法律、行政法规规定的其他情形。由于此次新型冠状病毒肺炎疫情严重威胁人民的生命安全和生命健康，属于“因其他原因，威胁劳动者生命健康和财产安全，需要紧急处理的”情形，若因为抗击疫情需要，企业安排职工加班，加班时间不受限制。

31. 延迟复工期间（2月3日至9日）的性质是什么，该期间的工资待遇如何确定？

“延迟复工令”实质上是“停工令”，是停工期而非延长的春节假期。在延迟复工期间，按照劳动合同规定的标准支付工资。

2020年1月27日，《国务院办公厅关于延长2020年春节假期的通知》将原定的春节假期（1月24日至30日）延长至2月2日。紧随其后，全国多个省市人民政府颁布“延迟复工令”，如上海市、浙江省、广东省、北京市人民政府先后下发了《关于延迟企业复工和学校开学的通知》，这些通知要求行政区域内各类企业不早于2月9日24时前复工，涉及重要国计民生的相关企业除外。延迟复工期间与春节假期连在一起，因而很多人误认为，延迟复工期是春节假期的进一步延长，延迟复工期属于休息日。

事实上，“延迟复工令”实质上是“停工令”，是停工期而非延长的春节假期。

2020年2月7日，人力资源和社会保障部等联合下发了《关于做好新型冠状病毒感染肺炎疫情防控期间稳定劳动关系支持企业复工复产的意见》，该意见规定在受疫情影响的延迟复工或未返岗期间，对用完各类休假仍不能提供正常劳动或其他不能提供正常劳动的职工，企业须参照国家关于停工、停产期间工资支付相关规定与职工协商，在一个工资支付周期内的按照劳动合同规定的标准支付工资；超过一个工资支付周期的按有关规定发放生活费。生活费标准，各地并不完全相同，用人单位应按照所在行政区域省级人民政府的有关规定执行。

32. 职工与企业发生劳动争议，但受疫情影响无法在调解仲裁时效内提出调解仲裁申请，怎么处理？

职工可以在疫情过后提出调解仲裁的申请，不必担心超过仲裁时效。

劳动争议调解仲裁法第 27 条规定，劳动争议申请仲裁的时效期间为 1 年。仲裁时效期间从当事人知道或者应当知道其权利被侵害之日起计算。因不可抗力或者有其他正当理由，当事人不能在本条第 1 款规定的仲裁时效期间申请仲裁的，仲裁时效中止。从中止时效的原因消除之日起，仲裁时效期间继续计算。该条同时还规定，“劳动关系存续期间因拖欠劳动报酬发生争议的，劳动者申请仲裁不受本条第一款规定的仲裁时效期间的限制；但是，劳动关系终止的，应当自劳动关系终止之日起一年内提出”。

2020 年 1 月 24 日下发的《人力资源社会保障部办公厅关于妥善处理新型冠状病毒感染的肺炎疫情防控期间劳动关系问题的通知》也明确规定：“因受疫情影响造成当事人不能在法定仲裁时效期间申请劳动人事争议仲裁的，仲裁时效中止。从中止时效的原因消除之日起，仲裁时效期间继续计算。”

根据上述法律和规范性文件的规定，劳动关系存续期间因拖欠劳动报酬发生争议的，职工申请仲裁不受仲裁时效期间的限制；因其他原因提起的劳动仲裁，仲裁时效中止。因此，职工可以在疫情过后提出调解仲裁的申请，不必担心超过仲裁时效。

33. 企业未履行疫情预防与控制的法定义务，是否会被追究法律责任？

在疫情防控中，企业如果未履行疫情预防与控制的法定义务，则存在被追究法律责任的法律风险。

此次暴发的新型冠状病毒感染的肺炎已被纳入传染病防治法

规定的乙类传染病，并采取甲类传染病的预防、控制措施，且此次疫情属于突发事件应对法第 3 条所规定的“突发事件”。当企业未履行疫情预防与控制的法定义务，存在被追究法律责任的法律风险。具体规定如下：

其一，根据传染病防治法第 77 条规定，单位和个人违反本法规定，导致传染病传播、流行，给他人人身、财产造成损害的，应当依法承担民事责任。

其二，突发事件应对法第 64 条规定，有关单位有下列情形之一的，由所在地履行统一领导职责的人民政府责令停产停业，暂扣或者吊销许可证或者营业执照，并处 5 万元以上 20 万元以下的罚款；构成违反治安管理行为的，由公安机关依法给予处罚：（1）未按规定采取预防措施，导致发生严重突发事件的；（2）未及时消除已发现的可能引发突发事件的隐患，导致发生严重突发事件的；（3）未做好应急设备、设施日常维护、检测工作，导致发生严重突发事件或者突发事件危害扩大的；（4）突发事件发生后，不及时组织开展应急救援工作，造成严重后果的。前款规定的行为，其他法律、行政法规规定由人民政府有关部门依法决定处罚的，从其规定。

其三，突发事件应对法第 67 条规定，单位或者个人违反本法规定，导致突发事件发生或者危害扩大，给他人人身、财产造成损害的，应当依法承担民事责任。

其四，突发事件应对法第 68 条规定，违反本法规定，构成犯罪的，依法追究刑事责任。

/第六章/

合同履行与纠纷解决

1. 因新型冠状病毒肺炎疫情导致合同目的根本无法实现，适用“不可抗力”原则的判定标准是什么?

合同法第117条第2款规定：“本法所称不可抗力，是指不能预见、不能避免并不能克服的客观情况。”民法总则第180条第2款规定：“不可抗力是指不能预见、不能避免且不能克服的客观情况。”

其中，不能预见是指当事人在订立合同时，根据现有的技术水平，无法预见到该事件能否发生。不能避免是指即使当事人预见到了该事件同时采取了一定的措施，但仍然无法制止其发生。不能克服是指对于该事件所造成的损失不能克服。根据法律规定，不可抗力主要包括三大类，即自然灾害、政府行为及社会突发性事件：（1）自然灾害。如地震、火山爆发、滑坡、泥石流、雪崩、洪水、海啸等自然现象。（2）政府行为。如政府颁发的新政策、法律和行政法规等行为。（3）社会性突发事件。如战争、罢工、骚乱、瘟疫等突发性事件。

此次新冠肺炎属于新型传染病，其确切的传染源、致病原理和治疗方法至今尚未明确，对于一般当事人而言，政府为防治疫情采取的行政措施，也是不可预见、不能避免、不能克服的，因此具备了不可抗力的特征。2020年2月10日，全国人大常委会法工委发言人、研究室主任臧铁伟表示，当前我国发生新冠肺炎疫情，为了保护公众健康，政府也采取了相应疫情防控措施。对于因此不能履行合同的当事人来说，属于不能预见、不能避免并不能克服的不可抗力。

根据合同法第 94 条的规定，当事人基于不可抗力解除合同的前提是“因不可抗力致使合同目的不能实现”。因此，是否构成不可抗力，还要看疫情是否对合同的履行构成不能克服的障碍，这个一般要在个案中具体考察合同当事人所在地、合同履行地等地的疫情和防控措施，并结合同地区、同行业的普遍做法进行分析，如果新型冠状病毒肺炎疫情或其防控措施对合同的履行构成重大障碍时，则可以产生法律上的不可抗力效果。因此，客观情况对合同的履行构成不能克服的障碍情形是不可抗力的判定标准。

2. 在新型冠状病毒肺炎疫情期间，合同满足“不可抗力”条件时，对合同履行有什么影响?

在新型冠状病毒肺炎疫情期间，合同如果构成“不可抗力”条件，则对合同履行产生以下影响。

（1）合同解除。根据合同法第 94 条的规定，因不可抗力致使不能实现合同目的的，当事人可以解除合同。因为属于法定解除权，所以当事人既可以通知对方解除，也可以提起诉讼或仲裁请求解除合同。司法实践中，法院对援引不可抗力请求解除合同的审查标准比较严格，需要结合疫情对合同履行的影响程度、合同目的是否受到根本性影响进行判断。

（2）合同变更。合同法第 77 条规定：“当事人协商一致，可以变更合同。法律、行政法规规定变更合同应当办理批准、登记等手续的，依照其规定。”在商业活动中，合同的解除往往并不是解决问题的最好途径。根据契约自由原则，现实中，合同当事人一般会通过变更合同部分条款（如调整标的型号、运输方式、增加或减少服务项目、付款方式和期限等），来实现合同目的或部分实现合同目的，双方可以协商变更合同条款，并对合同变更相关事宜达成一致，签署补充协议或备忘录。

（3）免除责任的情形。合同法第 117 条规定："因不可抗力不能履行合同的，根据不可抗力的影响，部分或者全部免除责任，但法律另有规定的除外。当事人迟延履行后发生不可抗力的，不能免除责任。本法所称不可抗力，是指不能预见、不能避免并不能克服的客观情况。"对此，需要注意四点：一是迟延履行期间发生不可抗力的，迟延履行人的责任不能免除；二是金钱给付责任不能因不可抗力而免除；三是因不可抗力不能履行合同免除责任的范围与程度，应该与不可抗力的影响相适应；四是疫情暴发后签订合同，又以疫情暴发主张免责的，不能免责。

3. 因新型冠状病毒肺炎疫情导致合同目的根本无法实现，受到"不可抗力"影响的企业应当如何应对？

在新型冠状病毒肺炎疫情防控中，企业签订的合同受到"不可抗力"影响，当事人一方因不可抗力不能履行合同的，根据合同法第 118 条规定，应当及时通知对方，以减轻可能给对方造成的损失，并应当在合理期限内提供证明。具体而言，受到"不可抗力"影响的企业应做好以下应对措施。

首先，审查合同对于"不可抗力"影响是否有具体约定，如果有则按照约定执行。

其次，通知要及时，并注意留存通知证据。原则上，企业应当在疫情对其履行合同造成影响后的尽短时间内发出通知，通过书面（邮件、微信、短信或者特殊情况下电话录音）形式及时通知对方（双方合同中明确约定了通知时间和方式的，应当严格按照合同要求进行）。通知的内容应至少包括发生不可抗力、不可抗力导致不能履行合同两大方面，还可视情况在通知中加入对合同履行的预期、愿与对方协商解决合同履行障碍等方面的内容。

再次，应提供证明。证明内容一般应包括政府部门通知、公告、命令等，涉外合同企业也可向中国国际贸易促进委员会申请办理相关事实性证明。企业提供证明的过程和内容均注意采用书面方式，以《告知函》或《通知函》等函件形式作出，并尽可能获得政府或认证机构等部门对不可抗力事件及合同履行影响的证明文件。如果仅作口头通知，应补充书面通知。

最后，注意保存与合同签订、合同履行，损失等一切有关的证据，并做好财产及证据保全。

4. 新型冠状病毒肺炎疫情是否构成“情势变更”？

在合同具体履行中，如果疫情对此产生重大影响，但尚未构成“根本不能履行”，可以考虑依据“情势变更”规定，要求法院酌情裁量，予以补偿。“情势变更”主要是借助司法手段来变更合同的内容或解除合同，在双方当事人合意之外，重新分配利益和风险，平衡因突发事件导致的利益失衡。

《最高人民法院关于适用〈中华人民共和国合同法〉若干问题的解释（二）》第 26 条规定：“合同成立以后客观情况发生了当事人在订立合同时无法预见的、非不可抗力造成的不属于商业风险的重大变化，继续履行合同对于一方当事人明显不公平或者不能实现合同目的，当事人请求人民法院变更或者解除合同的，人民法院应当根据公平原则，并结合案件的实际情况确定是否变更或者解除。”

构成“情势变更”的情形，主要包括以下四个要件：（1）合同依据的客观情况发生重大变化。最为常见的类型是合同出现对价关系障碍，包括因法律、政策、市场环境改变或因不可抗力而导致的对价关系严重失衡。（2）重大变化在当事人订立合同时无法预见、非不可抗力造成的。（3）重大变化不属于商业风险。（4）继续履行合同对一方当事人明显不公平或者不能实现合同目的。所谓“明显不公平”可结合一般理性人的标准、合同当事人的承受限度等因素综合判断：如果通常认为继续履行合同对一方当事人明显不公平，但该方当事人事实上完全可以承受，不宜认定构成“情势变更”；相反，如果通常认为继续履行不会导致不公，但却超过了合同当事人可以预见的承受限度，则依公平原则也可以认定构成“情势变更”。

因此，新型冠状病毒肺炎疫情能否构成“情势变更”不能一概而论，必须结合个案情况作出判断，其中关于不可预见性的判断可参考之前关于不可抗力的内容。

5. 如果认定新型冠状病毒肺炎疫情构成“情势变更”，对合同履行有什么影响?

根据《最高人民法院关于适用〈中华人民共和国合同法〉若干问题的解释（二)》第26条的规定，如果认定新型冠状病毒肺炎疫情构成“情势变更”，会产生以下两种法律效果：

第一，当事人之间重新协商。(1）重新协商有利于鼓励交易，实现合同双方的互谅互利，体现公平原则。(2）重新协商过程中均应遵循诚实信用原则，采取适当措施防止损失扩大，如果一方恶意拒绝磋商或者恶意进行磋商造成或扩大对方损失，应当承担赔偿责任。

第二，合理期限协商不成的，可以请求变更或者解除合同。(1）因“情势变更”而请求变更或者解除合同，必须以提起诉讼或仲裁的方式进行，并且需要论证该情况不属于商业风险，且导致继续履行合同对一方当事人显失公平。即当事人不能仅以通知等私力方式主张变更或者解除合同，否则可能构成违约。(2）法院或仲裁机构裁决变更或解除合同“应当结合案件的实际情况，根据公平原则”进行，这意味着裁判者具有较大自由裁量权，变更合同案件尤其如此。为限制法官自由裁量权，防止“情势变更”制度被不当适用甚至滥用，《最高人民法院关于正确适用〈中华人民共和国合同法〉若干问题的解释（二）服务党和国家的工作大局的通知》（法〔2009〕165号）中规定：“如果根据案件的特殊情况，确需在个案中适用的，应当由高级人民法院审核。必要时应报请最高人民法院审核。”这在很大程度上增加了情势变更制度的适用难度。因此，受疫情不利影响的一方当事人在主张适用“情势变更”时，需要注意证明变更或者解除合同的公平性、必要性与合理性。

6. 新型冠状病毒肺炎疫情期间，对于不能及时、全面履行的合同，应该如何规避法律风险？

整体而言，疫情导致合同义务不能履行的情况可以分为以下三种类型：（1）合同全部不能履行；（2）合同部分不能履行；（3）合同不能及时或如期履行。这三种类型将导致合同延期履行、部分履行或不履行，以及相应的合同变更或者解除行为等不同的法律后果。

疫情期间无法正常履行合同时，为尽可能减少损失、赢得主动权，应当及时检视已签订的合同。检视过程中应重点注意：合同中有关权利义务、法律后果、责任分担的规定，解决纠纷的法律依据，是否约定“不可抗力”和“情势变更”情形等。如有约定，一般应优先适用当事人约定。如果没有约定或约定不明，分为以下几种情况：第一，疫情如果没有实际影响到合同履行或者合同无法履行属于正常的商业风险，应当根据意思自治原则，维护合同效力，正常履行合同。第二，区分具体类型来调整当事人之间的权利义务与合同状态，相应选择延期履行、部分履行、不履行或解除等，根据个案的具体情况，分析是否属于之前所述的“不可抗力”和“情势变更”，在最短时间内评估两种情况下对合同履行的影响及相应法律风险，结合自身的诉求和实际情况，合法、合理应对，力争减轻、避免损失。

在实践过程中，需要特别提醒的是：（1）应当及时沟通协商。（2）采取适当减损措施，如变更交付方式、延长交付期限、及时处理易损易耗标的物等，防止损失扩大。在疫情期间，关注并充分了解各地的优惠政策，采取适当灵活的方式将损失降到最低。

在疫情影响减轻或消除后，还应根据情况尽快恢复履行。(3) 密切关注政策形势，及时利用政策便利消减法律风险。(4) 如果变更合同应当将疫情、政府行为纳入考量。(5) 提高证据意识，注意固定和收集证据，避免纠纷进入诉讼或仲裁后陷入被动。具体包括：一是疫情及其防控措施造成合同不能或难以履行的证据。二是合同双方沟通协商所产生的证据（如往来函件、邮件、聊天记录等）。三是如考虑变更合同，应注意保存继续履行原合同将导致明显不公的证据，以及能够证明变更后的合同具有公平性的证据。四是涉及受疫情影响的国际贸易合同或承包合同当事人，可向中国贸易促进委员会申请办理相关证明。五是对于一些不易固定、容易流失的证据（如工厂停工的场景），以及一些关键证据，可以通过公证方式予以固定。

7. 受疫情或相关政策影响，买卖合同中卖方无法按照合同约定履行合同时该怎么办？

在疫情防控中买卖双方签订的合同，如果受到相关政策影响无法按照约定履行合同时，卖方可从以下几个方面具体把控合同履行方式。

其一，如果疫情对合同履行未造成实质性影响，根据合同的性质，卖方应如约履行，否则将承担违约责任。

其二，如果疫情导致产品原材料成本急剧上升、成本利润倒挂，无其他合同目的无法实现的情形的，卖方可以情势变更为由申请变更或解除合同。

其三，受到暂时停产、歇业、转产、政府调拨等疫情或相关政策影响，如果卖方是生产者，可能无法进行生产；如果卖方是经销商，可能无法取得标的物。遇到此种情况时，卖方应当及时与对方进行沟通，向对方发函，将疫情情况、疫情对企业生产经营的影响及其导致无法按约履行的情况明确告知对方，并提供证据。卖方要根据疫情对合同的影响程度，区分合同属于全部不能履行、部分不能履行或是暂时不能履行以及不可抗力因素能否消灭等。对于疫情导致卖方已经完全无法按照合同提供服务或产品，从而使合同目的无法实现的，可以按合同法规定解除合同；对于其他情形，买卖双方可以协商变更合同，部分或全部免除违约责任。

其四，卖方已经生产但因疫情原因不能按期交付的，要区分是特定物还是种类物：（1）对于专属性和定制性的特定物无法按期交付的，如果买方以此为由，按照不可抗力主张解除合同并免除责任，则显失公平。具体处理方式如下：卖方可以主张延期履行合同；但若延期交付已不能满足买方的时限性要求、合同目的无法实现的，合同可以解除，损失应由双方适当分担。（2）对于种类物无法按期交付，买卖双方可以不可抗力为由主张变更合同（如延期履行、变更合同履行方式等）或解除合同。

8. 受疫情或相关政策影响，买卖合同中买方是否可以主张迟延付款?

在防控疫情中受到相关政策影响时，对于买卖合同中买方是否可以主张迟延付款，应注意把控好以下几个环节。

首先，要审查合同的具体约定，是先付款后交货还是先交货再付款：（1）如果合同约定是先付款再交货，虽然卖方可能会因为疫情略微迟延交货，但一般情况下不影响买方的先付款义务，买方仍应按时付款。但是，如卖方明显（证据充分或该方确认）会因疫情影响导致迟延交货，承担先履行付款义务的买方可以通过不安抗辩权中止付款。（2）按照合同法第 67 条的规定："当事人互负债务，有先后履行顺序，先履行一方未履行的，后履行一方有权拒绝其履行要求。先履行一方履行债务不符合约定的，后履行一方有权拒绝其相应的履行要求。"如果合同约定是先交货再付款，只要卖方没有按照约定交货，买方就可以以先履行一方未交货而要求卖方交货后再付款。

其次，要审查合同是否明确将疫情或政府防控措施约定为不可抗力、情势变更或合同解除等情形：（1）如果有相关约定，则按照合同约定处理；（2）如果合同没有相关约定的，买方价款支付一般不得以不可抗力主张免除付款义务。

最后，需要注意的是：（1）如果确因疫情影响导致支付延期或按约支付显失公平的，可以援引“情势变更”主张合同变更，即协商延期支付。（2）如果合同交付标的系采购季节性、应急性、特供物资，因疫情或防控原因使采购成为不必要，合同目的不能实现，可以援引“情势变更”主张合同解除。

9. 受疫情影响，旅游合同无法继续履行，导致“退团、解约”而产生的“扣费、退费”问题应当如何处理？

为了做好旅游活动中的疫情防控，2020年1月24日《文化和旅游部办公厅关于全力做好新型冠状病毒感染的肺炎疫情防控工作暂停旅游企业经营活动的紧急通知》要求，全国旅行社及在线旅游企业暂停经营团队旅游及“机票＋酒店”旅游产品，已经出行的团队继续履行，以此减少人员流动导致病毒传播的可能性。在2020年1月24日该通知下发之后，新型冠状病毒肺炎疫情被认定为不可抗力，旅游合同因此无法继续履行而导致相关退费问题，对此应当结合以下具体情况作相应的处理。

第一，因“不可抗力”要求解除合同。

《最高人民法院关于审理旅游纠纷案件适用法律若干问题的规定》第13条规定：“因不可抗力等不可归责于旅游经营者、旅游辅助服务者的客观原因导致旅游合同无法履行，旅游经营者、旅游者请求解除旅游合同的，人民法院应予支持。旅游经营者、旅游者请求对方承担违约责任的，人民法院不予支持。旅游者请求旅游经营者退还尚未实际发生的费用的，人民法院应予支持。因不可抗力等不可归责于旅游经营者、旅游辅助服务者的客观原因变更旅游行程，在征得旅游者同意后，旅游经营者请求旅游者分担因此增加的旅游费用或旅游者请求旅游经营者退还因此减少的旅游费用的，人民法院应予支持。”

因此，“不可抗力”条款是具有强制性的法定免责条款，因“不可抗力”等不可归责于旅游经营者的原因导致旅游合同无法履行的，无论是国内还是国外旅游，合同双方均不承担违约责任。

基于此，（1）若旅游尚未开始，尚未产生任何实际费用，旅行社应将费用全数退还旅游者。（2）若旅游尚未开始，但已产生一定的费用，旅行社在扣除这些费用后，应当将剩余的费用返还给旅游者。费用包括已向地接社或者履行辅助人支付的、且不可退还的费用，如已向履行辅助人（即与旅行社存在合同关系，协助其履行包价旅游合同义务，实际提供交通、游览、住宿、餐饮、娱乐等旅游服务的法人或者自然人）支付的交通费、游览费、住宿费、餐饮费、娱乐费等。

第二，非因“不可抗力”要求解除合同。

（1）因旅游者原因解除合同。《最高人民法院关于审理旅游纠纷案件适用法律若干问题的规定》第12条规定：“旅游行程开始前或者进行中，因旅游者单方解除合同，旅游者请求旅游经营者退还尚未实际发生的费用，或者旅游经营者请求旅游者支付合理费用的，人民法院应予支持。”即旅游行程开始前或者进行中，旅游者有权单方解除合同，如旅行社已经收费的，可以在扣除合理费用后，再退余款；如尚未收费的，旅行社可以要求旅游者支付已经发生的合理费用。

（2）因旅行社原因解除合同。① 因旅行社组团失败而解除合同。旅游法第63条规定：“旅行社招徕旅游者组团旅游，因未达到约定人数不能出团的，组团社可以解除合同。但是，境内旅游应当至少提前七日通知旅游者，出境旅游应当至少提前三十日通知旅游者。因未达到约定人数不能出团的，组团社经征得旅游者书面同意，可以委托其他旅行社履行合同。组团社对旅游者承担责任，受委托的旅行社对组团社承担责任。旅游者不同意的，可以解除合同。因未达到约定的成团人数解除合同的，组团社应当向旅游者退还已收取的全部费用。”即旅行社招徕旅游者组团旅游，因未达到约定人数不能出团的，组团社可以解除合同。因未达到约定的成团人数解除合同的，组团社应当向旅游者退还已收取的全部费用。因旅行社原因导致解约、退团的，旅行社则需要退还已收取的全部费用，或由旅行社自行承担已发生的费用。

② 因旅游者的不良行为而致使旅行社解除合同。旅游法第66条规定：“旅游者有下列情形之一的，旅行社可以解除合同：（一）患有传染病等疾病，可能危害其他旅游者健康和安全的；（二）携带危害公共安全的物品且不同意交有关部门处理的；（三）从事违法或者违反社会公德的活动的；（四）从事严重影响其他旅游者权益的活动，且不听劝阻、不能制止的；（五）法律规定的其他情形。因前款规定情形解除合同的，组团社应当在扣除必要的费用后，将余款退还旅游者；给旅行社造成损失的，旅游者应当依法承担赔偿责任。”即旅游者有上述五种行为的，旅行社可以解除合同，旅行社应当在扣除必要的费用后，将余款退还旅游者；给旅行社造成损失的，旅游者应当依法承担赔偿责任。

③ 旅行社、履行辅助人已尽合理注意义务仍不能避免的事件从而影响旅游行程。旅游法第67条规定：“因不可抗力或者旅行社、履行辅助人已尽合理注意义务仍不能避免的事件，影响旅游行程的，按照下列情形处理：（一）合同不能继续履行的，旅行社和旅游者均可以解除合同。合同不能完全履行的，旅行社经向旅游者作出说明，可以在合理范围内变更合同；旅游者不同意变更的，可以解除合同。（二）合同解除的，组团社应当在扣除已向地接社或者履行辅助人支付且不可退还的费用后，将余款退还旅游者；合同变更的，因此增加的费用由旅游者承担，减少的费用退还旅游者。（三）危及旅游者人身、财产安全的，旅行社应当采取

相应的安全措施，因此支出的费用，由旅行社与旅游者分担。（四）造成旅游者滞留的，旅行社应当采取相应的安置措施。因此增加的食宿费用，由旅游者承担；增加的返程费用，由旅行社与旅游者分担。”即旅行社、履行辅助人已尽合理注意义务仍不能避免的事件从而影响旅游行程时，应分情况按照上述法律规定处理。

10. 受疫情影响，建设工程施工合同是否构成“不可抗力”？如果构成“不可抗力”，当事人需要承担哪些义务？

受疫情影响，建设工程施工合同是否构成“不可抗力”应作具体分析：行政部门强制规定的不得开工的时间显然已经直接影响了工期的，属于不可抗力的免责范围；对于行政部门同意后的复工时间内，若因疫情防控需要而配合的审批条件等事由，造成的复工迟延也应当并允许申请工期的顺延，除此之外，因疫情影响造成作业人员的减少或物资供应的迟延均不能以不可抗力一概而论。

第一，疫情影响合同履行后承包人的通知义务。

合同法第 119 条规定：“当事人一方违约后，对方应当采取适当措施防止损失的扩大；没有采取适当措施致使损失扩大的，不得就扩大的损失要求赔偿。当事人因防止损失扩大而支出的合理费用，由违约方承担。”合同法第 60 条第 2 款规定：“当事人应当遵循诚实信用原则，根据合同的性质、目的和交易习惯履行通知、协助、保密等义务。”

在符合不可抗力的事由发生后，承包人负有向发包人通知不可抗力发生的义务，书面说明合同履行因不可抗力而遭受阻碍的详细情况，并提供证据予以证明。即不可抗力的通知不但要包含不可抗力发生的事实，而且必须包含该不可抗力导致合同不能履行的事实。

第二，疫情影响合同履行后的当事人减损义务。

《建设工程施工合同（示范文本）》（GF－2017－0201）第

17.3.2 款约定，不可抗力发生后，合同当事人均应采取措施尽量避免和减少损失的扩大，任何一方当事人没有采取有效措施导致损失扩大的，应对扩大的损失承担责任。

在不可抗力发生时，虽然承包人可以根据法律的规定和（或）合同的约定，部分或全部免除责任，但根据合同履行的诚实信用原则，承包人应当负有减损的义务。在不可抗力事件或情况发生后，承包人应当尽所有合理范围内的努力，减少损失或避免损失的扩大。如果因承包人怠于采取措施，放任损失的扩大，对于损失扩大的部分，由承包人承担责任。

11. 建设工程施工合同受疫情影响所导致的损失如何承担？

受疫情影响，对于建设工程施工合同所遭受的损失，双方当事人应从以下几个方面明确承担责任和具体方式。

首先，有约定的从约定。如果当事人在施工合同中对损失承担问题进行了明确约定，按合同约定进行处理。

其次，《建设工程施工合同（示范文本）》（GF－2017－0201）第 17.3.2 款约定："不可抗力导致的人员伤亡、财产损失、费用增加和（或）工期延误等后果，由合同当事人按以下原则承担：

"（1）永久工程、已运至施工现场的材料和工程设备的损坏，以及因工程损坏造成的第三人人员伤亡和财产损失由发包人承担；

"（2）承包人施工设备的损坏由承包人承担；

"（3）发包人和承包人承担各自人员伤亡和财产的损失；

"（4）因不可抗力影响承包人履行合同约定的义务，已经引起或将引起工期延误的，应当顺延工期，由此导致承包人停工的费用损失由发包人和承包人合理分担，停工期间必须支付的工人工资由发包人承担；

"（5）因不可抗力引起或将引起工期延误，发包人要求赶工的，由此增加的赶工费用由发包人承担；

"（6）承包人在停工期间按照发包人要求照管、清理和修复工程的费用由发包人承担。……”

最后，需要注意如下三点：

（1）承包人在迟延履行后，发生不可抗力的损害，仍应当承担责任。根据合同法第117条规定，当事人迟延履行后发生不可抗力的，不能免除责任。如果承包人未在合同约定的时间内交付符合发包人要求的工程项目的，在约定时间后发生的不可抗力事件，所造成的工程费用的增加和竣工时间的延误，均由承包人承担，其无权向发包人提出索赔。

（2）若符合不可抗力的免责条件时，承包人应当采取措施尽量避免和减少损失的扩大，否则承包人应当对扩大的损失承担责任。若工程本应在本次疫情发生之前竣工的，但因承包人原因导致工程延期的，不免除承包人的违约责任。同时，在新冠肺炎疫情期间，承包人应当根据合同的约定，及时通知发包人和监理人，书面（如书面有困难，可采用电子邮件）说明不可抗力和受阻碍的详细情况，提供必要的证明，并在疫情结束后提交最终报告及有关资料。否则，承包人将无法证明疫情对其履行施工合同造成影响，将自行承担相关损失。

（3）承包方因疫情不可抗力造成工期延误，根据《最高人民法院关于审理建设工程施工合同纠纷案件适用法律问题的解释（二）》第6条的规定，主张工期顺延举证责任大多情况由施工单位承担。其具体的典型索赔流程如下：索赔时间发生后一定时间内发出索赔意向通知，说明事由；发出通知后一定时间内向监理人、发包人发出索赔报告；因持续受影响递交延续索赔通知，索赔时间结束后一定时间内提交最终索赔报告附证明、记录等。需要注意，承包方应注意保存、提供索赔证据，如发包人停复工通知、所属地住建部门疫情防控通知、工程有关的会议纪要及往来函件、各种工程季度表及施工备忘录、发包方代表及监理的指示记录、各种费用增加的证据、赶工证据及支出等。

关于因疫情造成的停工产生的费用分担问题，2020 年 2 月 26 日住房和城乡建设部办公厅发布了《住房和城乡建设部办公厅关于加强新冠肺炎疫情防控有序推动企业开复工工作的通知》（建办市〔2020〕5 号），文件规定："（五）加强合同履约变更管理。疫情防控导致工期延误，属于合同约定的不可抗力情形。地方各级住房和城乡建设主管部门要引导企业加强合同工期管理，根据实际情况依法与建设单位协商合理顺延合同工期。停工期间增加的费用，由发承包双方按照有关规定协商分担。因疫情防控增加的防疫费用，可计入工程造价；因疫情造成的人工、建材价格上涨等成本，发承包双方要加强协商沟通，按照合同约定的调价方法调整合同价款。地方各级住房和城乡建设主管部门要及时做好跟踪测算和指导工作。"

12. 疫情期间，非住宅房屋租赁合同（如商铺、写字楼、厂房、场地等）的承租方是否能够以疫情为由要求减免租金吗？

当前，各地为做好防控疫情，均要求各企业在规定期限前不得复工、复产，且提倡取消聚会、宴席、聚餐等活动。与此同时，不少地方政府出台优惠政策，对承租人的合理诉求予以支持。如《北京市人民政府办公厅关于进一步支持打好新型冠状病毒感染的肺炎疫情防控阻击战若干措施》中，鼓励大型商务楼宇、商场、市场运营方，对中小微租户适度减免疫情期间的租金；各区对采取减免租金措施的租赁企业，可给予适度财政补贴。租金作为一项刚性成本，非住宅房屋租赁合同的承租方在疫情期间是否可以减免租金，需要根据合同履行受影响的程度具体确定。

首先，未受影响的，继续履行：疫情期间，因疫情防控需求、与民生关联程度较大的、需要继续营业的，如超市、菜店、药店等，其租赁合同履行未受影响的，应当继续履行。

其次，合同有约定的，从其约定：租赁合同中如对突发疫情或行政命令要求导致的无法正常营业情形，已明确约定处理方式的，应按照合同约定执行。

最后，疫情期间如发生以下情形的，承租方可以根据受影响时限，适当要求减免租金：

（1）政府明令暂停营业的相关场所，如影院、剧场、KTV、音乐厅等，承租方无法营业的；

（2）政府未明令禁止的相关场所，如餐饮、零售商店、办公楼宇等，但承租方经营受到较大影响后收入锐减，或承租方对租赁房屋的使用受到较大限制的；

（3）租赁房屋本身能够正常使用，出租方为响应政府号召防控疫情主动关停、限制租赁房屋所在楼宇，承租方无法正常使用的；

（4）传染病疫区实行封锁，承租方无法使用租赁房屋的；

（5）政府部门实施交通管制，承租方无法使用租赁房屋的。

租赁双方应本着公平原则、等价有偿原则，根据无法正常经营或使用房屋的时限，友好协商租金减免事项。租金减免应考量租金减免周期、具体额度等因素，包括如下：（1）租赁房屋关停或限制使用持续的时间；（2）承租方生产、经营恢复情况；（3）疫情对营商环境、消费者信心等持续产生影响的时间和影响程度，可考虑与上一年度同期数据作对比、参考政府发布的相关数据等；（4）同行业、同区位其他租赁房屋的租金减免情况等。

13. 疫情期间，非住宅房屋租赁合同（如商铺、写字楼、厂房、场地等）的承租方是否能够以疫情为由解除合同？双方需要履行哪些必要手续？

疫情期间，非住宅房屋租赁合同双方应在公平原则下进行协商，促进租赁合同持续有效履行，同时也有必要积极避免损失进一步扩大。

第一，如确因疫情出现以下情形，导致租赁合同无法履行，承租方可以主张解除合同，并根据合同履行等相关情况协商退还租金、押金等。可以解除合同的情形包括：

（1）疫情期间至合同到期房屋（场地）始终不能使用的。如春节期间的庙会等民俗活动，不少中小企业会租赁场地进行经营。因春节期间相关活动无法进行，自然可适用不可抗力予以解除。

（2）疫情过后合同剩余租期即将到期无法实现合同目的的。

（3）个体工商户（一人公司）的经营人或企业中的多数人患新型冠状病毒肺炎，导致承租方不可能继续履行合同的。

（4）疫情持续影响造成承租方长期无法恢复正常经营状态，继续履行成本过高，形成“合同僵局”的，依照《全国法院民商事审判工作会议纪要》第 48 条的规定，解除租赁合同。

第二，合同双方应履行的手续包括：

（1）及时书面通知对方。合同法第 118 条规定：“当事人一方因不可抗力不能履行合同的，应当及时通知对方，以减轻可能给对方造成的损失，并应当在合理期限内提供证明。”根据合同法第 96 条规定，承租方依据不可抗力的规定主张解除合同的，应当通知对方。合同自通知到达对方时解除。因此，承租方应当及时通知（微信、短信、电子邮件、邮政快递等便利方式）出租方疫情发生情况、政府管控措施及无法履行合同义务的事件、范围等。

（2）承租方应当及时向出租方提供证明文件。① 承租方须积极采取措施（如腾空房屋、处置室内物品等），以最大程度控制和降低可能产生的损失，并及时与出租方进行沟通。

② 合同双方就变更或解除合同协商一致后，及时签署书面文件进行确认。

③ 对于因疫情经营受影响状况及实际遭受的损失情况，承租方应积极准备相关证据（如与第三方签署的合同、票据等），并及时向出租方说明，以便协商租金减免等事宜。

14. 疫情期间，住宅房屋租赁合同的承租方，是否能够以疫情为由要求减免租金或者解除合同？

疫情期间，住宅房屋租赁合同的承租方，对其租金可否要求减免或解除合同，应视以下情形具体确定。

第一，租赁双方的租赁合同履行未受影响的，应当继续履行。

第二，如发生以下情形导致承租人在疫情期间不能实际入住租赁房屋的，承租人可以要求相应减免租金：

（1）传染病疫区实行封锁，导致承租人在封锁期间无法返回租赁房屋所在地。

（2）出发地实施交通管制，或当地政府延长假期及相关部门要求就地隔离等，导致承租人在管制、假期或隔离期间无法顺利返回租赁房屋所在地。

（3）社区或物业提出管理要求，使得小区正常出入受限，导致承租人无法入住。

（4）承租人感染新型冠状病毒肺炎或因疑似感染被隔离观察，导致患病期间或隔离观察期间无法入住租赁房屋。

根据合同法第 117 条的规定，因不可抗力不能履行合同的，根据不可抗力的影响，部分或者全部免除责任。上述情形属于不可抗力，合同双方互不承担责任。双方应当根据公平原则、等价有偿原则减免租金，互相理解渡过难关，保证疫情过后继续履行合同。

第三，如发生以下情形导致租赁合同无法履行的，承租人可以解除合同，并要求退还已支付的未履行期间的租金：

（1）疫情期间至合同到期房屋始终不能使用的。

（2）疫情过后合同剩余租期即将到期无法实现合同目的。

（3）疫情期间承租人因患新型冠状病毒肺炎导致不可能继续履行合同的。

根据合同法第 97 条、第 117 条规定，合同解除后，尚未履行的，终止履行；并根据受不可抗力的影响，部分或全部免除责任。

15. 住宅房屋租赁合同因“不可抗力”无法履行合同的，双方需要履行哪些必要手续？

住宅房屋租赁合同因“不可抗力”无法履行合同时，根据合同法第118条规定，当事人应当及时通知对方，以减轻可能给对方造成的损失，并应当在合理期限内提供证明。具体而言，双方应履行以下必要手续。

一是及时书面通知。根据合同法第96条规定，承租人依据不可抗力的规定主张解除合同的，应当通知对方。合同自通知到达对方时解除。承租人及时通知（微信、短信、电子邮件、邮政快递等便利方式）出租人本地区疫情发生情况、政府管控措施及无法履行合同义务的事件、范围等。

二是提供证明文件。及时向出租人提供证明文件，比如武汉市疫情防控指挥部1号通告（要求关闭公交、地铁、轮渡、长途客运、铁路、航空等交通运输方式），或者其他证明文件。

三是采取措施降低损失。承租人须积极采取措施（如腾空房屋、处置个人物品等），以最大程度控制和降低可能产生的损失，并及时与出租人进行沟通。

四是及时进行书面确认，合同双方就变更或解除合同协商一致后，及时签署书面文件进行确认。

16. 融资租赁合同承租人是否可以申请租金减免？

在疫情防控中，融资租赁合同承租人是否可以申请租金减免，应视以下几种情况而定。

第一，融资租赁合同原则上不适用不可抗力免责事由，但存在例外情形。

根据合同法第237条规定：“融资租赁合同是出租人根据承租人对出卖人、租赁物的选择，向出卖人购买租赁物，提供给承租人使用，承租人支付租金的合同。”

各地政府为控制疫情，均要求各企业在规定期限前不得复工、复产，影响了承租人的正常经营，缩减了承租人一定时期内的现金流。但是融资租赁合同的租金的本质并非传统租赁行业概念上的租金，融资租赁合同具有融资融物的双重性。出租人所关心的是“租金”的回收，而承租人所关心的是租赁物的所有权。出租人最终的目的并非取回租赁物，而是获得租金。即无论对租赁公司还是对承租人而言，其债务均是金钱给付之债，租赁公司应支付租赁物购买价款，承租人必须无条件支付租金，该种债务的履行不易受疫情的影响，原则上不存在履行不能。因此，融资租赁中合同的债务系金钱给付之债，原则上不适用不可抗力免责事由。即使承租人根据合同法第 117 条规定主张不可抗力免责，也是在主张免除自身因合同解除所产生的违约责任，并不能产生减免租金的法律效果。

对此，例外情况如下：如果承租人或银行被禁止开业或核心岗位人员被强制隔离不能履行付款义务，在该等特殊情形下金钱支付义务有可能造成客观上的履行不能，则构成不可抗力。但上述履行不能仅是支付手段受限所造成的暂时履行不能，承租人对不可抗力之引申，虽可能获得法院的认可，但仅免除其迟延履行的法律责任，而不对租金之数额产生任何影响。

第二，融资租赁合同适用“情势变更”需要双方协商后经法院确认。

由于融资租赁合同所具有的特殊属性，在交付租赁物后，出租人已经履行完毕了其在融资租赁合同中的主要义务，支付租金则是承租人在融资租赁合同中的主要义务。当一方主要义务已经履行完毕，合同主要目的已经实现的情况下，对租赁物暂时的不能使用，不应阻却另一方履行合同的主要义务，承租人仍应支付租金。但租金的支付期限以及承租人应承担的违约责任，根据具体案件情形的不同，存在一定的调整空间。必须强调的是，这种调整并非承租人单方可行使的权利，需要承租人与出租人进行协商，或是向人民法院提出相应请求，由法院进行判断。

第三，承租人不能单纯地以“不可抗力”或“情势变更”为理由，逃避其在合同中应承担的义务。

在疫情防控时期，建议融资租赁企业针对承租人的具体状况进行分析，判断是否可以适当延迟承租人支付租金的期限，或减免承租人迟延支付租金的违约责任，以尽量减少纠纷，实现各方利益的最大化。

在本质上取决于出租人对承租人未来偿债能力的商业判断，融资租赁企业应从以下几个角度进行综合分析：

（1）企业（承租人）所属行业、所在地区。新冠肺炎疫情对劳动密集型产业（如制造业）、消费行业（如餐饮业、娱乐业）、人群密集型行业（如旅游业、线下教育行业）的影响尤为突出。此外，疫情在不同地区的严重程度也有所不同，融资租赁企业需要综合承租人所属的行业及地区受疫情影响的程度进行分析与判断。

（2）承租人的资金状况及履约状况。承租人在疫情影响下能维持多久的经营状态？承租人是否在疫情开始之前已经出现逾期或其他违约状况？疫情结束之后，承租人是否有能力及时恢复生产、恢复后的效益是否足以帮助承租人继续良好发展？企业可通过对以上问题的分析，判断减免或同意承租人迟延支付租金是否可以实现双方共同利益的最大化，避免疫情成为承租人逃避合同义务的借口。

17. 国家金融主管部门出台了哪些支持新冠肺炎疫情防控的金融政策及具体措施？

2020 年 1 月 26 日，中国银行保险监督管理委员会发布了《关于加强银行业保险业金融服务配合做好新型冠状病毒感染的肺炎疫情防控工作的通知》（银保监办发〔2020〕10 号），该通知提出，对受疫情影响暂时失去收入来源的人群，要在信贷政策上予以适当倾斜，灵活调整住房按揭、信用卡等个人信贷还款安排，合理延后还款期限。

2020 年 1 月 31 日，中国人民银行、财政部、银保监会、证监会、外汇局联合出台了《关于进一步强化金融支持防控新型冠状病毒感染肺炎疫情的通知》（银发〔2020〕29 号），该通知明确提出，支持银行对受本次新型冠状病毒肺炎疫情影响的借款人采取以下支持举措：（1）对因感染新型冠状病毒肺炎住院治疗或隔离人员、疫情防控需要隔离观察人员、参加疫情防控工作人员以及受疫情影响暂时失去收入来源的人群，金融机构要在信贷政策上予以适当倾斜，灵活调整住房按揭、信用卡等个人信贷还款安排，合理延后还款期限；（2）对受疫情影响较大的批发零售、住宿餐饮、物流运输、文化旅游等行业，以及有发展前景但受疫情影响暂遇困难的企业，特别是小微企业，不得盲目抽贷、断贷、压贷。对受疫情影响严重的企业到期还款困难的，可予以展期或续贷。

《关于进一步强化金融支持防控新型冠状病毒感染肺炎疫情的通知》提出：对四类人即因感染新型冠状病毒肺炎住院治疗或隔离人员、疫情防控需要隔离观察人员、参加疫情防控工作人员以及受疫情影响暂时失去收入来源的人群，在疫情期间房贷、信用卡等逾期，要求金融机构在信贷政策上予以适当倾斜，灵活调整住房按揭、信用卡等个人信贷还款安排，合理延后还款期限，疫情期间因不便还款发生逾期的，不纳入征信失信记录。

除上述国家金融主管部门出台的金融政策之外，各地政府、国有大型商业银行也相继推出了涉及金融借款合同履行义务免责的举措，具体可登陆各官网进行查阅。

18. 疫情影响下，金融借款合同的履行有哪些注意事项？

金融借款合同是借款人向作为金融机构的贷款人借款，到期返还借款并支付利息的合同。双方的主要义务是金钱给付，在疫情影响下，金融借款合同的履行应注意以下事项。

第一，不可抗力免责条款的适用可能性较小。

金融机构向借款人发放借款后，借款人向金融机构所负付息、还本、还本付息之债为金钱之债。鉴于该类金融借款合同的主要义务为“金钱给付”，新冠肺炎疫情及相关的防疫措施并不会直接导致债务人的履行不能，延期复工等情形对于企业或个人还款能力也一般仅限于间接影响，故新冠肺炎疫情与合同履行之“金钱给付”之间无法建立法律上的因果关系，因此，通说认为，该类合同无法主张不可抗力之抗辩。

第二，情势变更条款存在一定适用空间。

情势变更原则已在《最高人民法院关于适用〈中华人民共和国合同法〉若干问题的解释（二）》第 26 条中确立。本书提及的政府部门出台的相应文件及政策规定，为人民法院适用情势变更及公平原则，以支持符合条件的债务人提出展期、调息等变更或解除合同要求提供了一定的基础。

第三，特殊类型债务人应对措施。

（1）个人因感染新冠肺炎或隔离等原因丧失还款能力的，可申请贷款展期。首先，根据《关于加强银行业保险业金融服务配合做好新型冠状病毒感染的肺炎疫情防控工作的通知》规定，对受疫情影响暂时失去收入来源的人群，要在信贷政策上予以适当倾斜，灵活调整住房按揭、信用卡等个人信贷还款安排，合理延后还款期限。

其次，根据《关于进一步强化金融支持防控新型冠状病毒感染肺炎疫情的通知》规定，对因感染新冠肺炎住院治疗或隔离人员、疫情防控需要隔离观察人员、参加疫情防控工作人员以及受疫情影响暂时失去收入来源的人群，金融机构要在信贷政策上予以适当倾斜，灵活调整住房按揭、信用卡等个人信贷还款安排，合理延后还款期限。感染新冠肺炎的个人创业担保贷款可展期一年，继续享受财政贴息支持。前述规定的人群应仅限于自然人，个体工商户等与自然人的劳动能力密不可分的企业等可参照使用如上规定。

（2）受疫情影响较大的特定行业及企业，可通过展期、无还本续贷、信贷重组、减免逾期利息等多种方式进行解决方案的探索。根据《关于加强银行业保险业金融服务配合做好新型冠状病毒感染的肺炎疫情防控工作的通知》及《关于进一步强化金融支持防控新型冠状病毒感染肺炎疫情的通知》规定，对受疫情影响较大的批发零售、住宿餐饮、物流运输、文化旅游等行业，以及有发展前景但受疫情影响暂遇困难的企业，特别是小微企业，不得盲目抽贷、断贷、压贷。

（3）对受疫情影响严重的企业到期还款困难的，可以展期或续贷。根据《关于进一步强化金融支持防控新型冠状病毒感染肺炎疫情的通知》第 3 条规定，对受疫情影响严重的企业到期还款困难的，可予以展期或续贷。通过适当下调贷款利率、增加信用贷款和中长期贷款等方式，支持相关企业战胜疫情灾害影响。然而，目前各部门及银行，暂未对于如何判断企业属于前述规定中的“对受疫情影响严重的企业”进行明确。

第四，有关企业、个人应积极主动进行必要的努力经营、筹集资金并保存有关证据。

应及时向债权人提交客观陈述实际困难及其原因、已作努力及书面申请展期（延期还贷）、转贷之报告，与债权人之经办人、主管领导等进行必要的充分交流，并保存前述报告、交流之证据（包括但不限于短信、微信、电邮）。如果债务人向金融机构如实报告上述情况后，金融机构仍然决定或已经向法院提起诉讼，债务人可以向该金融机构所涉的主管银保监局及上级机构报告，以期上级机构进行必要的协调，使该金融机构撤回起诉或调解处理。

向上级报告时需要提交如下证据：曾向该金融机构及经办人、主管领导进行报告、交流的证据，特别是其存在努力经营及努力筹集资金等却仍不能及时清偿贷款的证据。

19. 疫情期间，学员一方能否以疫情影响无法开课而要求解除合同？学生及家长担心疫情感染，不愿意参加培训，能否据此要求解除合同并全额退费？

受新型冠状病毒肺炎疫情影响，作为典型的人员聚集行业，线下教育培训机构不得不停业、停课、停训，根据目前各省市地区教育部门的政策要求，在疫情得到有效控制之前，均不得安排学生集中开展教学培训活动。对于很多线下教育培训机构而言，现有学员担心疫情感染而不愿再继续参与培训，从而要求退课、退费等的情况也不在少数。

第一，疫情期间，学员一般不能以疫情影响无法开课而要求解除合同，但是也存在以下例外情况。

（1）有约定的从其约定。如果培训合同约定因疫情影响，导致无法开课可以解除合同的，按照合同约定可以解除合同。

（2）如果合同没有约定，一般而言学员不能因疫情无法开课而解除合同。新冠肺炎疫情发生是教育机构和学生均不能预见、不能避免、不能克服的。根据合同法第 94 条的规定，当事人基于不可抗力解除合同的前提是“因不可抗力致使不能实现合同目的”。正常情况而言，疫情不可能持续过久，待疫情危机解除后，教育培训机构可以恢复正常教学，继续履行培训合同义务。由此，除部分具有时效性的教育培训、或者培训合同有特殊约定（例如，合同订立时已明确学员空余时间仅为 1 月底、2 月）等情况外，其他情况下延期开课开训，学员一方之合同目的仍然是可以实现的，故学员一方不能据此解除合同。

（3）存在例外情况，需要进行个案分析疫情发生是否属于“因不可抗力致使合同目的不能实现”。例如，往后推移开课时间过长，可以视为“不能实现合同目的”；约定为寒假期间的培训，因为时间的不可重复，可以视为“合同目的无法实现”；时间正好固定在疫情期间的游学研学，可以视为“合同目的无法实现”；学员一方的空闲时间仅仅在 2020 年 1 月底、2 月，后期没有时间，可以视为“合同目的无法实现”；双方签署的教育培训合同有特殊的约定；等等。

第二，疫情结束后，教培机构应合法合规恢复教学活动，履行合同约定的义务。

学员及家长一方因担心疫情感染不愿再继续参加培训的，系自身原因，除与教培机构协商一致外，一般不得以不可抗力为由单方面解除合同，并要求全额退费。

由于教育培训合同具有较强的人身性，一方不愿意履行，无法强制执行。如果学生一方担心感染，一再坚持不参加培训，教育机构可以考虑解除合同，退还尚未发生的培训费。但这种情形属于学生一方违约，学生一方应当按照教育培训合同的约定，向教育机构支付违约金。教育机构可以在退还尚未发生的培训费时，扣除对应的违约金。

20. 由于暂时无法开课开训，除采取延期措施外，很多教培机构也拟推出“线上”培训，那么，如何合规开展“线上”培训？

首先，应取得“线上”培训资质。2019 年 7 月 15 日，教育部等六部门出台《关于规范校外线上培训的实施意见》，考虑到线上培训扁平化、覆盖广、规模大、变化快等特点，该实施意见仅规定了省级教育行政部门要结合本地实际，根据“减证便民”的原则，明确备案内容和要求，重点是对培训机构、培训内容和培训人员等进行备案。加之提交备案材料中也并不包括办学许可证，因此该类线上培训机构无须取得办学许可证。除此以外，在无其他特殊规定的情况下，根据民办教育促进法的规定，其他民办学校及教育机构均须取得办学许可证。但针对目前已取得办学许可证、开展学科类校外线上培训活动的线下教培机构，因受疫情影响转为线上培训，是否需要在省级教育行政部门备案，尚需省级教育行政部门进一步明确。另外，根据《互联网信息服务管理办法》的要求，从事经营类的互联网信息服务，需要向省、自治区、直辖市电信管理机构或者国务院信息产业主管部门申请办理互联网信息服务增值电信业务经营许可证，从事非经营性互联网信息服务的，则实行备案制度。由此，若教育培训机构向学员提供的线上培训服务是有偿的，其应该取得电信业务经营许可证。

其次，应征得学员一方同意。根据合同法第 8 条第 1 款“依法成立的合同，对当事人具有法律约束力。当事人应当按照约定履行自己的义务，不得擅自变更或者解除合同”之规定，教培机构将教学方式由“线下”变为“线上”，属于对培训合同的变更，且为实质性变更，因此必须征得对方当事人的同意。根据合同法第 77 条第 1 款“当事人协商一致，可以变更合同”之规定，在当前疫情下，有资格、条件进行“线上”培训的教培机构，可以与学员一方进行友好协商，在征得对方同意后，将“线下”教学变更为“线上”教学。

21. 疫情期间，开发商与业主签订的房屋买卖合同需要注意哪些事项?

疫情属于全国突发性的公共卫生事件，对此开发商应根据当地的情况，结合房屋买卖合同的相关约定，在合理的期限内履行告知义务。

其一，延期交房、收房责任：房屋买卖合同格式文本通常会设置延期交房条款、不可抗力条款及免责条款。如合同中明确约定不可抗力包括传染病、流行病、瘟疫等，当事人可以主张疫情构成不可抗力，并按照合同约定执行。无约定的，则可以按照以下原则处理：(1) 合同约定的交房时间在政府出台的延长假期、延迟复工期限之后，未遭受疫情的实质影响，开发商应按时履行交房义务，不得以不可抗力为由主张免除责任。(2) 开发商在疫情暴发前已经存在延期交房的情形，当事人迟延履行后发生不可抗力的，不能免除责任，仍应依合同约定或法律规定承担违约责任。(3) 合同约定的交房时间在政府出台的延长假期、延迟复工期限内，且房屋已竣工验收并具备交房条件，开发商因执行政府出台的延长假期、延迟复工规定而延期交房的，可主张顺延交房日期，免除该延期导致的逾期交房的违约责任。(4) 合同约定的交房时间在政府出台的延长假期、延迟复工期限内，房屋因受疫情防控的实质影响无法具备交房条件导致延期交房的，开发商可主张顺延交房日期，免除部分或全部责任。(5) 合同约定的交房时间在政府出台的延长假期、延迟复工期限之后，开发商在疫情持续期间遭受实质影响，造成无法按期交房的，开发商可主张顺延交房日期，免除部分或全部责任。(6) 开发商通知业主收房后疫情暴发，合同约定的收房期限在疫情持续期间，或者业主因遭受隔离等原因，导致业主迟延收房的，业主可主张顺延收房日期，免除部分或全部责任。

其二，延期办证责任：合同约定的办证期间在政府出台的延长假期、延迟复工期限内，开发商可主张顺延办证期限，免除部分或全部责任。

22. 运输公司原定协助某工厂运货，但由于疫情封路原因导致无法按期交货，此情形是否构成违约？如果在延迟交付期间货物发生了损毁，风险应该怎么承担？

在各地疫情防控中，由于采取封路等紧急措施而导致运输公司无法按期交货，应该从以下几个方面认定是否构成违约，并具体确定其风险承担方式。

第一，对运送的地区进行区分讨论。如果托运人或收货人任何一方处于疫情较为严重的地区，很有可能由于封路导致物流中断，无法完成运送。在这种情况下，可以先协商；协商不成，可以考虑主张不可抗力解除合同，注意及时通知托运人相关情况。若送货区域不在疫情较为严重的地区，交通封锁并未导致物流的全线崩溃，承运人依然应当尽可能将货物送到收货人手中。

第二，货物损毁灭失的风险，双方可以根据合同约定承担。如果没有约定，根据合同法第311条的规定，由承运人承担。但是由于疫情，导致了运送期间不合理的延长，承运人可以与托运人本着公平和风险共担原则，协商如何处置。如果货物在延迟运送过程中，非因托运人、收货人过错以及货物本身性质导致的货物损毁灭失，很大可能依然由承运方承担赔偿责任。

23. 因受疫情影响，国际贸易合同签订及履行时需要注意哪些问题？

受新型冠状病毒肺炎疫情影响，我国外贸企业遇到物流中断、企业停产、出口清关等困难，面临着所签订的国际贸易合同无法履行而被要求承担违约责任等风险。为了防范国际贸易合同法律风险，应注意把控好以下几个环节。

第一，排查风险，建议出口企业梳理自身生产经营能力和确认上下游合作企业的配合程度，根据已签订贸易合同的具体约定安排生产计划，排查相关贸易合同是否还能如期履行，是否存在违约风险。

第二，更新信息，出口企业可多种渠道不断更新了解相关进口国针对疫情作出的进口限制法令，停止向已经出台货物进口限制措施的国家和地区发送货物。

第三，提供证明，若由于原材料供应匮乏、生产能力不足、交通运输条件限制，或者由于受到进口国针对疫情作出的限制进口的法令影响而无法继续履行贸易合同的，出口企业应将疫情造成其无法继续履约的情况及时通知买方，并附上相关政府机构发布的不可抗力证明、春节延长假期通知等证明文件。

第四，及时主张，若因疫情与买方发生合同执行纠纷，出口企业可梳理贸易合同中有关不可抗力、情势变更、商业目的落空的条款，结合贸易合同约定与买方协商解决方案；在买方提出受疫情影响无法支付货款或拒绝接受货物时，依据贸易合同的约定向买方主张权利。

第五，索要证明，若买方主张解除贸易合同，出口企业应要求买方提供可支持其主张的证据，具体包括：（1）买方所在国官方发布的禁止接收中国出口货物的法令或文件；（2）买方销售对象或者买方所在国消费者，已明确表示拒绝接收来源于中国的货物，或已有拒绝购买来源于中国货物的倾向，买方继续接收货物将导致其遭受损失的证据；（3）若买方主张出口企业出口的货物存在疫情病毒，且可能导致买方及买方的客户受感染，应要求买方提供权威医疗机构作出的鉴定报告。

第六，与买方保持良好的沟通，协商有利于促进双方长期合作和共同实现商业利益的合作方案。

第七，对于尚未正式签署贸易合同的采购意向，出口企业应充分考虑疫情防控措施可能给贸易合同履行带来的影响，并在订立贸易合同时作出有针对性的约定。

/附录/

疫情防护小知识

1. 什么是新型冠状病毒?

冠状病毒是一大类病毒，已知会引起疾病，患者表现为从普通感冒到重症肺部感染等不同临床症状，例如，中东呼吸综合征（MERS）和严重急性呼吸综合征（SARS）。此次发现的新型冠状病毒是一种以前尚未在人类中发现的新型冠状病毒。

2. 新型冠状病毒肺炎暂命名是什么?

2020 年 2 月 7 日发布的《国家卫生健康委关于新型冠状病毒肺炎暂命名事宜的通知》（国卫医函〔2020〕42 号）以及 2020 年 2 月 21 日发布的《国家卫生健康委关于修订新型冠状病毒肺炎英文命名事宜的通知》（国卫医函〔2020〕70 号）规定，将“新型冠状病毒感染的肺炎”暂命名为“新型冠状病毒肺炎”，简称“新冠肺炎”。将“新型冠状病毒肺炎”英文名称修订为 Corona Virus Disease 2019，“COVID-19”，与世界卫生组织命名保持一致。

3. 新型冠状病毒感染的肺炎的传播途径有哪些?

新型冠状病毒感染的肺炎的传播途径主要包括：

（1）直接传播：患者喷嚏、咳嗽、说话的飞沫，呼出气体近距离接触直接吸入，可以导致感染。

（2）气溶胶传播：飞沫混合在空气中，形成气溶胶，吸入后导致感染。

（3）接触传播：飞沫沉积在物品表面，接触污染手后，在接触口腔、鼻腔、眼睛等粘膜，导致感染。

4. 感染新型冠状病毒的症状有哪些？

新型冠状病毒感染的一般症状有：发热、乏力、干咳，逐渐出现呼吸困难；部分患者起病症状轻微，甚至可无明显发热症状。严重症状有：急性呼吸窘迫综合征、脓毒症休克、难以纠正的代谢性酸中毒、出凝血功能障碍。从目前收治的病例情况看，多数患者预后良好，少数患者病情危重，甚至死亡。

除了以上发病症状，还有可能发病症状“不典型”，例如：

（1）仅以消化系统症状为首发表现：如轻度纳差、乏力、精神差、恶心呕吐、腹泻等。

（2）以神经系统症状为首发表现：如头痛。

（3）以心血管系统症状为首发表现：如心慌、胸闷等。

（4）以眼科症状为首发表现：如结膜炎。

（5）仅有轻度四肢或腰背部肌肉酸痛。

5. 如何选择口罩？

面对新型冠状病毒肺炎疫情，口罩成为每个人出门必备的工具，不同人群应当根据需要选择不同的口罩。在新型冠状病毒感染的肺炎流行期间，为指导不同人群科学合理地选择和使用口罩，严防新型冠状病毒感染的肺炎疫情蔓延和扩散，国务院联防联控机制印发《不同人群预防新型冠状病毒感染口罩选择和使用技术指引》。

第一，高风险暴露人员，主要包括：（1）在收治新型冠状病毒肺炎患者（确诊病例、疑似病例）的病房、ICU 和留观室工作的所有工作人员，包括临床医师、护士、护工、清洁工、尸体处理人员等；（2）疫区指定医疗机构发热门诊的医生和护士；（3）对确诊病例、疑似病例进行流行病学调查的公共卫生医师。防护建议：

（1）医用防护口罩；（2）在感染患者的急救和从事气管插管、气管镜检查时加戴护目镜或防护面屏；（3）医用防护口罩短缺时，可选用符合 N95/KN95 及以上标准颗粒物防护口罩替代，也可选用自吸过滤式呼吸器（全面型或半面型）配防颗粒物的滤棉，动力送风过滤式呼吸器的防护效果更佳。

第二，较高风险暴露人员，主要包括：（1）急诊科工作医护人员等；（2）对密切接触人员开展流行病学调查的公共卫生医师；（3）疫情相关的环境和生物样本检测人员。防护建议：符合 N95/KN95 及以上标准的颗粒物防护口罩。

第三，中等风险暴露人员，主要包括：（1）普通门诊、病房工作医护人员等；（2）人员密集场所的工作人员，包括医院、机场、火车站、地铁、地面公交、飞机、火车、超市、餐厅等相对密闭场所的工作人员；（3）从事与疫情相关的行政管理、警察、保安、快递等从业人员；（4）居家隔离及与其共同生活人员。防护建议：佩戴医用外科口罩。

第四，较低风险暴露人员，主要包括：（1）超市、商场、交通工具、电梯等人员密集区的公众；（2）室内办公环境；（3）医疗机构就诊（除发热门诊）的患者；（4）集中学习和活动的托幼机构儿童、在校学生等。防护建议：佩戴一次性使用医用口罩（儿童选用性能相当产品）。

第五，低风险暴露人员，主要包括：（1）居家室内活动、散居居民；（2）户外活动者，包括空旷场所/场地的儿童、学生；（3）通风良好工作场所工作者。防护建议：居家、通风良好和人员密度低的场所也可不佩戴口罩。非医用口罩，如棉纱、活性炭和海绵等口罩具有一定防护效果，也有降低咳嗽、喷嚏和说话等产生的飞沫播散的作用，可视情况选用。

6. 如何正确洗手？

预防新型冠状病毒肺炎，勤洗手也是很有必要的。在日常生活中，我们可以按照以下步骤来正确洗手。

（1）在流水下，淋湿双手。

（2）取适量洗手液（肥皂），均匀涂抹至整个手掌、手背、手指和指缝。

（3）认真搓双手至少 15 秒以上，记住口诀“内外夹弓大立腕”具体操作如下：第一步（内）：掌心相对，手指并拢相互揉搓；第二步（外）：洗背侧指缝，手心对手背沿指缝相互揉搓，双手交换进行；第三步（夹）：洗掌侧指缝，掌心相对，双手交叉沿指缝相互揉搓；第四步（弓）：洗拇指，手握另一手大拇指旋转揉搓，双手交换进行；第五步（大）：洗指背，弯曲各手指关节，半握拳把指背放在另一手掌心旋转揉搓，双手交换进行；第六步（立）：洗指尖，弯曲各手指关节，把指尖合拢在另一手掌心旋转揉搓，双手交换进行；第七步（腕）：洗手腕、手臂揉搓手腕、手臂，双手交换进行。

（4）在流水下彻底冲净双手。

（5）擦干双手，取适量护手液护肤。

7. 公众如何做好个人预防?

在依然严峻的疫情防控形势下，普通人能做的就是加强自我防护，积极配合国家打赢这场没有硝烟的战争。公众做好个人防护需要做到以下几个方面：

（1）尽量减少外出活动：①避免去疾病正在流行的地区。②建议疾病流行期间减少走亲访友和聚餐，尽量在家休息。③减少到人员密集的公共场所活动，尤其是空气流动性差的地方，例如：公共浴池、温泉、影院、网吧、KTV、商场、车站、机场、码头、展览馆等。

（2）个人防护和手卫生：①建议外出佩戴口罩。外出前往公共场所、医院就医和乘坐公共交通工具时，佩戴医用外科口罩或 N95 口罩。②保持手卫生。减少接触公共场所的公用物品和部位；

从公共场所返回、咳嗽手捂之后、饭前便后，用洗手液或肥皂，流水洗手，或者使用含酒精成分的免洗洗手液；不确定手是否清洁时，避免用手接触口、鼻、眼；打喷嚏或咳嗽时，用手肘衣袖遮住口、鼻。

（3）健康监测与就医：①主动做好个人与家庭成员的健康监测，自觉发热时要主动测量体温。家中有小孩的，要早晚摸小孩的额头，如有发热要为其测量体温。②若出现可疑症状，应主动戴上口罩及时就近就医。若出现新型冠状病毒感染可疑症状（包括发热、咳嗽、咽痛、胸闷、呼吸困难、轻度纳差、乏力、精神稍差、恶心呕吐、腹泻、头痛、心慌、结膜炎、轻度四肢或腰背部肌肉酸痛等），应根据病情，及时到医疗机构就诊。尽量避免乘坐地铁、公共汽车等交通工具，避免前往人员密集的场所。就诊时应主动告诉医生自己的相关疾病流行地区的旅行居住史，以及发病后接触过什么人，配合医生开展相关调查。

（4）保持良好卫生和健康习惯：①居室勤开窗，经常通风。②家庭成员不共用毛巾，保持家居、餐具清洁，勤晒衣被。③不随地吐痰，口鼻分泌物用纸巾包好，弃置于有盖垃圾桶内。④注意营养，适度运动。⑤不要接触、购买和食用野生动物（即野味）；尽量避免前往售卖活体动物（禽类、海产品、野生动物等）的市场。⑥家庭备置体温计、口罩、家庭消毒用品等物资。

8. 普通家庭如何做好居家消毒？

在疾病流行期间，外出回家后，应及时用洗手液和流水洗手，或用含醇洗手液消毒剂进行手消毒。桌椅等物体表面每天做好清洁，并定期消毒；有客人（身体健康状况不明）来访后，及时对室内相关物体表面进行消毒，可选择合法有效的消毒剂或消毒湿巾擦拭消毒。室内做好通风换气，自然通风或机械通风，冬天开窗通风时，须注意避免室内外温差大而引起感冒。

物体表面可选择二氧化氯等含氯消毒剂或消毒湿巾擦拭。手、皮肤建议选择有效的消毒剂如碘伏、含氯消毒剂和过氧化氢消毒剂等手皮肤消毒剂或速干手消毒剂擦拭消毒。

9. 如果要乘坐电梯，需要注意哪些事项?

电梯是一个密闭环境，空间狭小、通风较差，疫情期间如何安全乘坐电梯，需要注意以下事项：

（1）尽量不乘坐或少乘坐电梯。

（2）如有多部电梯，应合理分流人员。

（3）如电梯间太拥挤，可等候下一辆电梯。

（4）等电梯时，发现同行者有咳嗽或发热，尽量避开一起乘坐。

（5）进入电梯间前，应规范并全程佩戴口罩。

（6）遵守咳嗽礼仪，即咳嗽或打喷嚏时用纸巾或衣袖内侧上部遮掩口鼻；纸巾扔到垃圾桶内；咳嗽或打喷嚏后及时用手消毒剂消毒双手，如无手消毒剂，可使用湿巾纸擦拭双手，如无湿巾，则避免用手去触摸自己的口鼻眼及公共物品，直至洗手之后。

（7）避免在电梯间大声说话或谈笑。

（8）如多人乘坐电梯，彼此之间应尽量保持一定距离。

（9）避免用手直接触摸电梯内的物体表面，包括按钮。触摸按钮时，可用肘部或手背部触摸，或垫纸巾触摸。

（10）乘坐电梯后怀疑手被污染，应及时洗手。

（11）负责电梯运营的单位应加强对电梯的清洁消毒，增加清洁消毒频次，特别是开关及楼层按键。消毒可选择500mg/L含氯消毒剂擦拭消毒。夜间或非人流高峰期，可打开电梯门进行彻底通风。

10. 复工注意事项有哪些?

疫情期间，复工后的防护工作仍不能放松警惕，尤其需要注意以下五个方面：

一是出行交通：（1）首选单独出行，错峰出行，尽量选择步行、骑行、开私家车等；（2）乘坐公共交通要全程佩戴口罩，并且与他人之间保持安全距离，穿戴好防护手套，避免用手触摸车上物品等。

二是办公时间：（1）室内也要佩戴口罩；（2）每日通风 3 次，每次 20—30 分钟，通风时要注意保暖；（3）咳嗽、打喷嚏时，最好用纸巾遮挡；（4）尽量减少中央空调的使用。

三是餐饮方面：（1）可选择从家中带饭至单位食用；（2）如果去食堂或餐厅，错峰就餐，避免扎堆，并且吃饭过程中保持安静，避免面对面吃饭，不与同事谈天说地等；（3）如果选择外卖则尽量无接触拿取。

四是上洗手间：（1）排队时保持 1 米以上的距离；（2）盖上马桶盖再冲水；（3）认真洗手。

五是下班回家：（1）先洗手，并开窗通风；（2）把外套、鞋子、包等放置在固定房间的角落，及时清洗；（3）尤其注意要给手机、钥匙等物品进行消毒；（4）多喝水，适当锻炼，注意休息。

参考文献

1.《中华人民共和国传染病防治法释义》，载于中国人大网。

2.《新型冠状病毒感染肺炎疫情当前防控工作有关法律知识问答》，载于中国政府法制信息网。

3. 中国普法：《疫情防控法律知识问答来了!》，https://mp.weixin.qq.com/s/6Of6EWl5wpsz9trARKCyfQ。

4.《疫情防控法律问答》，http://www.hljrd.gov.cn/web/news/npcnews-detail.html? nid=3829&cn=npcnews&li=y。

5. 北京税务：《快收藏!〈新冠肺炎疫情防控税收优惠政策指引〉发布》，https://mp.weixin.qq.com/s/VzJ7RrzI6XlMM4ByVyFjlA。

6. 李文峰：《准确适用妨害传染病防治罪，依法严惩抗拒疫情防控措施犯罪》，https://mp.weixin.qq.com/s/9eDXuOGn4GXAxzQz8BSt8Q。

7. 哈尔滨市律师协会：《关于疫情防控期间企业复工要点》，https://mp.weixin.qq.com/s/72Ci_8fo8deb4afByaoYNw。

8. 杨洪泉、罗凯天、冯金闻：《破解十二问：疫情中企业如何处理员工个人信息?》，https://mp.weixin.qq.com/s/TJhrUnqr6stEHfVjnqXARw。

9. 宫礼：《万万不可忽视!疫情防控别把农村地区给漏了》，https://mp.weixin.qq.com/s/0HjGhQQYStE1ay2Tr20Ebw。

10. 肖燕：《疫情之下的教育培训机构合规应对》，https://mp.weixin.qq.com/s/4V_IZV0mB6RIYBpyWWNXPA。

11. 中国出口信用保险公司：《疫情期间，这些外贸风险你一定要了解!》，https://mp.weixin.qq.com/s/xi_gupE5eJHuhw6L0eKSag。

12. 江雪：《疫情防控视角下金融借款合同的履行》，https://mp.weixin.qq.com/s/VKM0-MN5tri-N-m1BpGeMA。

13. 汇融律所：《抗疫专栏（四）| 疫情对融资租赁合同履行的影响》，https://mp.weixin.qq.com/s/Y0bepL03hVxvjB8SddvIVw。

14. 济南市文化和旅游局：《〈文旅战“疫”·泉城在行动〉一文读懂！如何应对疫情来袭引发旅游合同履行中的变更、解除等法律问题》，https：//mp. weixin. qq. com/s/pGHOxqECnZt4XJq_ 9XkrYQ。
15. 北京市易和律师事务所：《疫情期间商业、办公用房租赁合同履行之十问十答》，https：//mp. weixin. qq. com/s/qvH1eLtpXW2lKy7_ HCBErA。
16. 北京市易和律师事务所：《疫情期间住宅房屋租赁合同履行之八问八答》，https：//mp. weixin. qq. com/s/X2FzgNLDA5BSfYTd83AqrQ。
17. 邢立新、徐菲、孙玮：《论著丨疫情下的民商事合同相关法律问题浅析》，https：//mp. weixin. qq. com/s/dog2ZFY_ zVeYswnDTdOL1g。
18. 投行业务咨讯：《发生大规模疫情，合同还要履行吗？参考来了……》，https：//mp. weixin. qq. com/s/B725A73DdYR0D_ FA4Ab74g。
19. 崔迎春：《新冠疫情引发的企业合同履行风险及应对》，https：//mp. weixin. qq. com/s/ymwcBHIC8YcU4mKdR9iT3A。
20. 江蕊：《因疫情导致合同无法履行，应该怎么办?》，https：//mp. weixin. qq. com/s/7jlFBGKugPtZG-mfSSgc4w。
21. 北京易和律师事务所：《疫情对合同履行影响的法律应对要点》，https：//mp. weixin. qq. com/s/jMmBWsGgDDX9SZvLUZyObQ。
22. 中国疾病预防控制中心：《新型冠状病毒感染的肺炎公众防护指南》，人民卫生出版社2020年版。
23. 韩玲样、黄小强：《面对新型冠状病毒，乘坐电梯该注意啥?》，https：//mp. weixin. qq. com/s/8lxmvSmx5Kgs9tgpIYB8Zw。
24. 丁香园DXY：《“新型冠状病毒肺炎”正式命名》，https：//mp. weixin. qq. com/s/_ 5n6bnaAE4mJ18pOTVY1aw。
25. 丁香园DXY：《如何预防新型冠状病毒感染？这8点你应该知道》，https：//mp. weixin. qq. com/s/FYs3_ ucqIAouiMrQav9a_ g。
26. 苏州高新康复医院：《疫情期内复工注意事项》，https：//mp. weixin. qq. com/s/bwTkC6jFJPhUwt0pf8WOug。